SOMMAIRE

W0271223

Avant-propos 5

Présentation du livre 9

Organisation des séquences 10

Guide pédagogique des séquences lecture

Séquence 1 Découverte du livre 14

Séquence 2 Un parcours illustré de bout en bout 17

Séquence 3 Le désordre alphabétique 20

Séquence 4 Cata...strophe ! 22

Séquence 5 Nommer, c'est jouer 24

Séquence 6 La morale de l'histoire 26

Guide pédagogique des fiches élèves d'observation réfléchie de la langue (Grammaire-Conjugaison-Orthographe-Vocabulaire)

1. Identifier des comparaisons 30
(Vocabulaire)

2. Comment retrouver les chaînes d'accord ? 31
(Accord de l'adjectif attribut)

3. Comment marquer la ponctuation ? 33
(Usage des signes de ponctuation)

4. Qui interroge qui ? 34
(La phrase interrogative)

5. Ce sont les mêmes mots ; est-ce le même texte ? 35
(Les types de phrase)

6. À quels temps raconte-t-on une histoire ? 36
(Usage du présent et du passé simple dans le récit)

Fiche **Fiches élèves lecture** 38

Fiche **Fiches élèves ORL** 49

Avant-propos

Les fascicules de la collection « Atouts Littérature »
ont été conçus par des enseignants expérimentés pour :

- **aider les élèves à lire des romans, des recueils de nouvelles ou de contes ainsi que des pièces de théâtre et des recueils de poèmes, disponibles en livres de poche, figurant ou non dans la liste indicative de références ;**
- **proposer aux enseignants une démarche éprouvée permettant de développer des projets de lecture d'œuvres intégrales adaptés aux besoins en apprentissage de leurs élèves, notamment de ceux qui ne lisent qu'à l'école.**

Les prescriptions

Programmes et instructions 2002

Les prescriptions en matière de lecture des textes littéraires fixent deux objectifs :

- **la constitution d'une culture commune**
« [...] donner à chaque élève un répertoire de références appropriées à son âge et puisées dans la littérature de jeunesse » afin que *« se constitue une culture commune susceptible d'être partagée, y compris entre générations. »*
- **la poursuite de l'apprentissage de la lecture**
« Enfin, l'accès à l'autonomie suppose la gestion volontaire par le lecteur de tout le processus (de lecture). L'enfant doit apprendre à passer de compréhensions ponctuelles et lacunaires à des compréhensions qui prennent en compte tous les aspects du texte en même temps que les savoirs antérieurement accumulés. [...] C'est en explicitant avec eux tout le procédé que les enseignants peuvent amener leurs élèves à prendre à leur compte les diverses facettes du processus et de son contrôle. »

À ces deux objectifs correspondent deux types d'activités :

- celles qui relèvent de pratiques d'animation culturelle : **le club de lecture**
Encouragées par l'enseignant, les lectures personnelles autonomes des élèves poussés *« à emprunter fréquemment des livres dans les bibliothèques »* débouchent sur *« des rituels qui développent les sociabilités de la lecture : signaler à la classe une découverte, partager avec un autre lecteur du même livre ses impressions, conseiller une lecture à un camarade, faire partie d'un jury de sélection, participer à un débat, etc. »*
- celles qui relèvent de la didactique de la lecture : **l'atelier de lecture**
« des ateliers de lecture conduisent progressivement tous les élèves à une véritable autonomie face aux textes. Cela suppose un travail régulier et patient conjuguant l'amélioration de la reconnaissance des mots ainsi que la structuration et la diversification des stratégies de compréhension des textes. »

Comment articuler objectifs et activités ?

On ne saurait se contenter…
– tantôt de lire des livres, selon diverses modalités (en classe et à la maison, à haute voix et silencieusement, etc.) pour le plaisir et pour en débattre quand on « fait de la littérature » ;
– tantôt de continuer l'apprentissage de la lecture sur des supports pédagogiques (manuels de morceaux choisis, fichiers, didacticiels…) quand on « fait

atelier de lecture » en espérant que les compétences développées se réinvestiront en capacité de lecture autonome permettant l'accès aux « vrais livres ».

L'apprentissage doit se poursuivre avec des textes littéraires, choisis pour leur intérêt et leur complexité, que les élèves ne pourraient comprendre sans apprentissages spécifiques, et sur les textes relevant des différentes disciplines dans l'esprit des programmes 2002.

On choisira donc de travailler en atelier des œuvres que les élèves ne pourraient lire seuls selon la démarche préconisée :
« Le maître guide les élèves dans leur effort de compréhension. Il les engage à reformuler ce qu'ils ont compris, puis par un dialogue attentif, il les conduit à combler les lacunes ou les erreurs qu'il constate. [...] L'enseignant éduque ainsi ses élèves à la nécessaire rigueur qui préside à tout acte de lecture. C'est aussi l'occasion d'attirer l'attention sur les aspects les plus ouverts de l'œuvre et de susciter des conflits d'interprétation nécessitant un effort d'argumentation. »

Les séquences d'apprentissage amènent les élèves à construire et à mobiliser des connaissances sur la langue, sur les textes et la manière de les questionner. Dans cette perspective, l'enseignant doit résoudre divers problèmes :

- Comment articuler apprentissage scolaire et lecture personnelle en s'adaptant aux compétences diverses des élèves ?
- Comment définir des types d'activités portant à la fois sur le traitement de l'écrit (« observation réfléchie de la langue », ou ORL) et sur l'interprétation du texte ?
« Les substituts du nom (nominaux ou pronominaux), la ponctuation, les temps du verbe, les connecteurs, etc. doivent être travaillés de manière explicite dans les ateliers de lecture. Ils permettent souvent de faire les inférences nécessaires à la compréhension. »

De l'atelier de lecture à la lecture autonome

Comment entrer dans le livre ?

La découverte du livre par le traitement des indices externes (couverture, table des matières, illustrations) débouche sur des attentes et des hypothèses qui constituent un premier questionnement. En feuilletant l'ouvrage pour trouver des réponses ou vérifier une hypothèse, l'élève prend ses repères, construit ses premières représentations des personnages référents, du genre, etc. Il peut ainsi entrer aisément dans le texte en l'abordant avec un projet de lecteur et suffisamment d'assurance pour ne pas se perdre dans les premières pages. Cette phase est essentielle pour apprendre à mobiliser ses connaissances, vaincre l'appréhension du « volume » et conduire sa lecture à son rythme, selon des modalités diverses.

La recherche peut aussi consister à se préparer à dire un passage choisi ou un poème et à justifier son choix...

Comment approfondir la compréhension ?

Des lectures et relectures* collectives traitent les questions posées et, le plus souvent, amènent à en poser de nouvelles. Une (re)lecture peut être préparée par une recherche personnelle des indices pertinents invitant à parcourir le livre ou des passages plus ou moins longs. La recherche peut aussi consister à se préparer à dire un passage choisi et à justifier son choix et son interprétation.
Le nombre et la nature de ces (re)lectures ne peuvent être fixés *a priori*. Un roman long et complexe se traite en deux semaines, ou plus si l'intérêt et

* Il n'y a relecture *stricto sensu* que pour les élèves qui ont poussé assez loin leur lecture personnelle hors du temps scolaire ; pour les autres, les activités proposées constituent une incitation et une aide pour avancer la leur.

l'efficacité le justifient. L'expérience montre que les élèves ne se lassent pas de lire et relire à condition que chaque retour au texte soit justifié par une recherche nouvelle qui approfondit la compréhension.
Chaque (re)lecture effectuée en classe apporte des connaissances et des points de vue différents sur les significations du texte et sur la façon de le questionner. Ces apports modifient la lecture personnelle, la facilitent, la relancent. Il est illusoire de vouloir en fixer le rythme et la fréquence. Certains parcourent le livre très vite, sans pour autant le comprendre, d'autres, qui ont besoin de connaissances sur le texte et le référent pour s'y intéresser, entrent tardivement dans la lecture intégrale. Pour cette raison, la lecture personnelle ne saurait faire l'objet d'une évaluation scolaire.

Dans ces (re)lectures, l'élève apprend avec l'aide de l'enseignant :
– à questionner le texte et à se questionner,
– à confronter son interprétation à d'autres,
– à évaluer sa lecture,
– à intégrer ce qu'il est en train de lire à son bagage littéraire.
Ces apprentissages sont autant d'aides à la lecture personnelle.

Quoi de neuf dans « Six séquences pour lire » ?

La tradition scolaire ignore la lecture des recueils de poèmes mais n'ignore pas la lecture des textes littéraires longs, pratiquée sous deux formes.

La lecture suivie et dirigée

Elle tente de simuler, en situation scolaire, une lecture personnelle au fil du texte. Elle impose en fait une lecture à haute voix, de l'enseignant et des élèves, accompagnée d'un commentaire qui l'interrompt, dont la fonction est double : aider à la compréhension du vocabulaire et contrôler celle du texte. Cette démarche conduit à lire, comme dans un manuel, une succession d'extraits reliés par des résumés faits par l'enseignant et à dispenser l'élève d'une lecture personnelle : la lecture scolaire, c'est toute la lecture.

La lecture feuilleton

Elle consiste, elle aussi, à tailler des textes courts dans un texte long, et « à suivre... » une histoire comme on le faisait autrefois dans un quotidien. Mais comment empêcher les élèves d'en lire plus quand ils ont le livre en main ? Parfois, le livre est distribué au début de la séance puis rangé à la fin dans un placard pour éviter aux élèves la tentation de poursuivre, de lire pour soi, chez soi. Il s'agit d'éviter que certains prennent de l'avance, de peur qu'ils ne suivent pas pendant la séance suivante et d'imposer à tous un rythme uniforme. Comme si c'était possible et souhaitable...

Dans les deux cas, il s'agit de résoudre des problèmes qui se posent à l'enseignant – comment découper le texte en unités assez courtes pour être lues le temps d'une leçon, comment retenir l'attention des élèves ? – et non des problèmes d'apprentissage qui se posent aux élèves.

Six séquences pour se donner les moyens de lire

L'utilisation de « Six séquences pour lire » dans l'atelier de lecture ne substitue pas une modalité artificieuse de lecture collective et assistée à une lecture personnelle comme le font ces pratiques traditionnelles. Au contraire, elle donne aux élèves les moyens (connaissances et démarches) d'accéder à une lecture véritablement autonome et crée des conditions favorables à la constitution de bibliothèques personnelles et à la fréquentation des bibliothèques publiques.

Déroulement des séquences

Une séquence se développe sur une ou plusieurs séances (l'enseignant adoptera leur nombre et leur durée au vu des besoins de ses élèves) dont le déroulement type comprend cinq phases.

Phases	Tâches des élèves	Rôle de l'enseignant
1. Mise en situation de recherche	Mobiliser le savoir constitué et relancer les questions en suspens.	Assurer le lien entre les séances sans donner de réponse aux questions soulevées.
2. Recherche ± 15 min – individuelle, par deux ou par groupes ; – à l'aide d'une fiche ou sans aide ; – destinée à réunir les éléments nécessaires pour répondre à une question, par exemple : « Qu'apprend-on en comparant le premier et le dernier chapitre ? »	– Lire, relire, pour repérer les passages contenant des indices pertinents pour traiter la question. – Chercher comment résoudre le problème posé. – Se questionner pour proposer une interprétation. – Se préparer à dire un passage.	– Stimuler, recentrer sur la tâche en apportant une aide méthodologique : compréhension de la consigne, anticipation de la démarche mais sans jamais donner les réponses ou suggérer une interprétation. – Remettre sur la voie en cas d'incompréhension manifeste du texte ou de la démarche.
3. Mise en commun ± 15 min des éléments de réponse proposés, qui sont situés dans le texte, lus à haute voix et dont le choix est justifié et débattu.	– Prendre la parole pour présenter sa réponse ou celle de son groupe. – Argumenter pour soutenir une interprétation en se référant au texte. – Tenir compte des réponses des autres. – Accepter de modifier son interprétation ou son jugement.	– Réguler les échanges. – Exiger des réponses argumentées. – Reformuler les réponses pour faire apparaître les oppositions de point de vue, les convergences, les contradictions, les invraisemblances, voire les contresens.
4. Synthèse ou conceptualisation ± 5 min pour conclure après un débat ou pour expliciter et mémoriser une notion, en ORL notamment.	– Chercher à évaluer sa lecture en la confrontant aux réponses validées par le groupe classe. – Mémoriser ce qui a été validé par l'enseignant.	– Trancher quand il y a lieu entre les interprétations. – Décider de la façon de formaliser les conclusions, notions et connaissances pour en favoriser la mémorisation.
5. Relance du questionnement ± 5 min pour motiver la séance suivante et orienter la lecture personnelle sur une nouvelle piste.	– Se préparer à intégrer une nouvelle perspective : anticiper, vérifier une hypothèse, satisfaire une autre curiosité. – Comprendre comment utiliser une fiche destinée à guider sa recherche.	– Rappeler une question restée en suspens ou attirer l'attention sur un autre aspect du livre.

S'agissant des récits, on considérera que le livre est compris quand les élèves auront développé un questionnement qui les aura conduits à se représenter clairement :

- **ce que raconte le livre :** 1er niveau de compréhension, celui de l'anecdote ;
- **comment l'histoire est racontée :** par qui ? C'est la question du narrateur et du point de vue, en s'inscrivant dans quel genre : conte, récit d'aventure, etc. ;
- **ce que signifie l'histoire racontée :** un récit littéraire est une construction symbolique qui signifie toujours plus que les événements qu'il configure.

S'agissant de poésie, on considérera que le recueil est compris quand les élèves en auront perçu l'unité thématique et partagé les plaisirs du jeu avec les libertés et les contraintes de l'écriture poétique et de l'interprétation vocale.

Il va sans dire que la compréhension est toujours relative, qu'il est impossible de tout saisir dans un livre complexe qu'on pourra toujours relire après d'autres expériences, avec d'autres références.

Présentation du livre

Et si à la place de l'ordre, on substituait le chaos alphabétique ? Tout l'ordre du monde en serait-il chamboulé ? L'ordre du langage tiendrait-il, en ses mains – en ses « mots » – l'ordre du monde ? Qu'est-ce que Robert Robert n'a pas fait en laissant choir le gros dictionnaire de M. Robert, son père, l'homme le plus ordonné qui puisse être ! *Dico dingo* s'amuse de cette apocalypse langagière, la rendant de fait accessible au plus jeune lectorat. Comment ne pas s'identifier au « petit Robert », l'auteur d'une si colossale catastrophe ? Humour, suspense, le cocktail littéraire est détonnant, susceptible de toute évidence, de séduire jeunes et moins jeunes.

Pour profiter à plein des **trouvailles lexicales et linguistiques** de cet iconoclaste roman de jeunesse, l'élève devra être mis en situation de parfaire sa représentation de la trame narrative. En effet, il ne saurait accéder à « l'illisibilité » de certains extraits sans avoir une compréhension globale et assurée de l'histoire. Une lecture littérale, attentive à l'explicite du texte servira ainsi de point d'appui à l'appréhension plus « experte » de l'implicite du roman, autrement dit de toutes les questions que génère la mésaventure du petit Robert. *Dico dingo* n'est-il pas un court récit porté par des personnages très typés, qui en dit finalement beaucoup plus long qu'il pourrait le laisser paraître de prime abord ? À savoir que, par exemple, communiquer est le seul moyen de s'entendre ; que dans la vie, il y a une limite à tout ordonner, etc.

Lire *Dico dingo* revient à se demander : à quoi sert le langage ? **Qu'est-ce que communiquer ?** Peut-on se comprendre en employant des termes dont les sens sont différents pour les uns et les autres ? Ces questions prennent appui sur une anecdote des plus simples, tout le projet d'écriture du roman trouvant sa source dans une banale bêtise d'enfant. L'**incommunicabilité** et l'**absurde** mis à la portée des enfants : le défi n'est pas mince mais particulièrement stimulant à la lecture ! Combien de « situations contaminées » dans ce roman où tout va de mal en pis sont susceptibles d'éveiller leur curiosité et leur sens de l'interrogation ? Il suffit, pour s'en persuader, de relever tout ce qui ne tourne pas rond dans le récit cacophonique : des amis de toujours qui se disputent et se fâchent pour de bon ; un couple bien ordonné qui perd tout à coup son sang froid ; une conversation téléphonique qui n'a ni queue ni tête ; une télévision qui ne retransmet que des jeux de massacre ; un meilleur ami qui verse lui aussi dans le charabia universel ; des rues qui s'embouteillent faute d'entente entre les automobilistes... : un dictionnaire qui tombe, des mots qui se mélangent et... le monde entier s'en trouve bouleversé !

Comprendre *Dico Dingo* revient à se représenter l'histoire comme un jeu de dominos qui se bousculent en cascade : quelle est l'origine de ces bouleversements ? Où cela mène-t-il le jeune héros ? Comment pourra-t-il enrayer le mécanisme infernal ?

Mais c'est aussi s'interroger sur la manière dont le texte est écrit : la cacophonie dont il rend compte a-t-elle un sens ? Malgré toutes les bizarreries du vocabulaire, l'histoire conserve-t-elle une cohérence ? Arrive-t-on finalement à comprendre les passages qui présentent les jeux langagiers les plus fous ?

Organisation des séquences

Les séquences	Fiches élèves Lecture	Fiches élèves ORL	Grands axes Question de fin de séquence (ouvrant la suivante)
1. Découverte du livre p. 14	Lecture 1 **Appropriation du livre et premières hypothèses** Lecture 2 **Qui sont les auteurs ?**		Entrer dans l'univers de *Dico dingo.* D'où est né le sujet de cette étrange histoire ? Que va donc nous raconter un roman au titre si surprenant ?
2. Un parcours illustré de bout en bout p. 17	Lecture 3 **Faire parler les illustrations**	ORL 1 **Identifier des comparaisons**	Appréhender l'atmosphère du roman à partir de ses illustrations. Le texte confirmera-t-il l'étrangeté et l'humour des illustrations ?
3. Le désordre alphabétique p. 20	Lecture 4 **L'alphabet sens dessus dessous** Lecture 5 **Remettons de l'ordre dans tout ça !**	ORL 2 **Comment retrouver les chaînes d'accord ?**	Entrer dans le cœur de l'action : rien ne va plus ; plus personne ne se comprend… Comment peut évoluer la situation alors que tout le monde dit n'importe quoi ?
4. Cata… strophe ! p. 22	Lecture 6 **L'heure est grave !**	ORL 3 **Comment marquer la ponctuation ?** ORL 4 **Qui interroge qui ?**	Le petit Robert est pris dans le piège de sa bévue. Comment peut-il retourner la situation étant donné son jeune âge et la tournure dramatique des événements ?
5. Nommer, c'est jouer p. 24	Lecture 7 **Jouer avec les mots**	ORL 5 **Ce sont les mêmes mots ; est-ce le même texte ?**	Être sensible à la façon de raconter cette histoire originale où l'humour se plaît à contrebalancer le tragique de la situation. Qu'ont de si particulier les noms des deux familles ?
6. La morale de l'histoire p. 26	Lecture 8 **Les leçons d'une aventure** Lecture 9 **Tout est bien qui finit bien…**	ORL 6 **À quels temps raconte-t-on une histoire ?**	Et si cette histoire en disait plus qu'elle ne le laissait paraître à la première lecture ? Établir un état des lieux à la fin de l'histoire : les mots et les choses ont-ils définitivement retrouvé leur place ?

L'organisation ainsi définie ne doit pas être conçue spécifiquement comme une progression. L'enseignant a toute liberté de choisir les séquences et les fiches qui l'intéressent en fonction du temps qu'il souhaite consacrer à ce roman et des projets qu'il a conçus pour sa classe.

Rappelons que les *Instructions officielles* préconisent 4 heures par semaine pour la lecture en classe (soit une moyenne de 45 min par jour) et qu'elles recommandent de ne pas rester plus de deux semaines sur une œuvre. Cet ouvrage intègre de fait ces directives.

Bien sûr, il est justifié d'aborder en premier la séquence 1 puisqu'elle invite à la découverte du livre. Pour les autres séquences de lecture, l'ordre d'utilisation dépendra fortement des besoins individuels des élèves à tel ou tel moment de leur lecture.

Les fiches d'observation réflechie de la langue gagneraient à être utilisées en complément des fiches de lecture à l'intérieur de chaque séquence. Cela demeure une invitation : dans le cadre d'une relecture, les besoins grammaticaux ou lexicaux des enseignants pourront leur faire envisager un autre ordonnancement des fiches.

6 séquences lecture
Guide pédagogique et fiches élèves

Séquence 1	Découverte du livre p. 14	Fiche 1	Appropriation du livre et premières hypothèses p. 38
		Fiche 2	Qui sont les auteurs ? p. 39
Séquence 2	Un parcours illustré de bout en bout p. 17	Fiche 3	Faire parler les illustrations p. 40
Séquence 3	Le désordre alphabétique p. 20	Fiche 4	L'alphabet sens dessus dessous p. 42
		Fiche 5	Remettons de l'ordre dans tout ça ! p. 44
Séquence 4	Cata... strophe ! p. 22	Fiche 6	L'heure est grave ! p. 45
Séquence 5	Nommer, c'est jouer p. 24	Fiche 7	Jouer avec les mots p. 46
Séquence 6	La morale de l'histoire p. 26	Fiche 8	Les leçons d'une aventure p. 47
		Fiche 9	Tout est bien qui finit bien... p. 48

Découverte du livre

Objectifs

- Découvrir le livre et se l'approprier en le manipulant.
- Traiter les informations fournies par les 1re et 4e de couverture (titre, texte, illustrations) de façon à poser un premier questionnement et à interpréter le titre.
- Formuler des hypothèses de lecture à partir des informations données par l'ouvrage (1re et 4e de couverture mais également texte de présentation des auteurs) avant même d'entrer dans le récit.

Démarche

1. Première découverte

Avant d'aborder le livre, interroger les élèves sur la ou les représentations que ces derniers se font d'un dictionnaire, de son organisation, de sa lecture. À quoi sert un dictionnaire? Comment est-il ordonné? Qu'est-ce qu'on y trouve? Etc. Avant même de distribuer l'ouvrage à chacun, annoncer le titre de celui-ci (*Dico dingo*) et demander aux élèves de s'interroger sur l'histoire qui peut être annoncée par un tel titre. Les remarques des uns et des autres sont notées au tableau et commentées rapidement.

2. Distribution du livre (un par élève)

Distribuer le livre aux élèves en leur demandant de ne pas l'ouvrir et de se concentrer sur la couverture (1re et 4e). Ils notent dans leur cahier les différentes informations fournies par celle-ci: titre, nom des auteurs, nom de la maison d'édition, et s'approprient ainsi matériellement le livre. Veiller à favoriser les prises de parole et à susciter des interrogations. Insister particulièrement sur la classification dans la catégorie «humour» et sur les illustrations. Si les élèves ne connaissent encore rien de l'histoire, ils peuvent formuler des hypothèses, interroger l'histoire et les indications fournies par la couverture.

Fiche 1

Fiche 1 : *Appropriation du livre et premières hypothèses*

Cette première fiche privilégie l'autonomie de l'élève et vise à attirer l'attention sur les bizarreries de ce roman, que laisse augurer l'ensemble de la couverture.

Demander aux élèves de poser leur livre à plat de façon à avoir en regard la 1re et la 4e de couverture. Les inviter ensuite pendant quelques minutes à observer attentivement les illustrations: la taille surdimensionnée du dictionnaire, les mots qui s'échappent de celui-ci, l'inquiétude du «petit Robert», le caractère inédit d'une scène de dispute où se multiplient les mots insensés. Attirer l'attention des élèves sur le texte de la 4e de couverture, qui permet de préciser le sens de ces dessins. On connaît à présent le nom du héros et l'on sait ce qui s'est produit. L'objet du roman sera de développer les conséquences de la bévue de Robert Robert. Un quart d'heure d'échange collectif permettra aux élèves d'émettre une série de remarques, de questions et de commentaires.

ACTIVITÉ 1

L'activité se fait à l'écrit, après ce partage de commentaires. Pour faciliter la tâche de ceux qui éprouvent le plus de difficulté, l'enseignant relira la consigne et le texte de la 4e de couverture à haute voix. Insister sur le fait que ce texte s'applique à la fois à l'illustration de la 1re de couverture et à celle de la 4e: l'ordre qui régit la vie de la famille Robert, et la chute de l'objet «symbole de l'ordre» qu'est le dictionnaire sont figurés sur l'illustration de la 1re de couverture; «la pagaille» qui en découle est, quant à elle, mise en scène sur la 4e. La mise en rapport des deux illustrations est particulièrement intéressante. On pourra ainsi demander aux élèves de comparer les mots éparpillés sous le dictionnaire et les mots dits par les personnages: c'est après avoir chuté du dictionnaire que les mots contaminent le langage et que les discours deviennent incohérents.

ACTIVITÉ 2 Le travail demandé ici engage la subjectivité de l'élève et requiert une observation fine et détaillée des illustrations. On peut envisager de faire traiter l'activité en binôme, ce qui pourra faciliter les échanges.

ACTIVITÉ 3 Cette activité permet d'engager une réflexion spécifique sur un titre qui n'aura sans doute pas manqué de surprendre les élèves. Préparée par les activités précédentes, elle est la moins dirigée de la fiche. Il s'agit en effet d'alimenter des hypothèses de lecture. L'enseignant demandera aux élèves d'utiliser un brouillon sur lequel seront notées «en vrac» les idées qui leur viennent. Envisager ensuite une phase collective de mise en commun qui permettra aux uns et aux autres de justifier leurs différentes hypothèses. L'enseignant gagnera à nourrir les échanges en demandant, par exemple, quel serait le contraire d'un «dico dingo»: «dico réglo», «dico ordo»… Sous la forme d'une dictée à l'adulte, la classe énoncera ensuite les réponses les plus cohérentes.

Prolongement

Compléter l'exploitation de la fiche par une analyse de la table des matières: à quoi cette dernière sert-elle? Quels sont les mots, phrases ou expressions qui permettent de titrer les chapitres? Etc.

CORRIGÉS

1.

«Une place pour chaque chose et chaque chose à sa place.» C'est comme cela chez les Robert!

Depuis, c'est la **pagaille** chez les Robert…

Mais Robert Robert a fait tomber le **dictionnaire**: plaf! tous les **mots** sont par terre.

2. Proposition:
– La taille du livre.
– Des mots qui tombent par terre.
– Des personnages qui disent n'importe quoi.

3.
– Le dictionnaire est devenu «dingo» à partir du moment où le petit Robert l'a fait tomber. Plusieurs mots se sont éparpillés. Tout est en vrac; il n'y a plus d'ordre alphabétique.
– L'influence de ce «dico dingo» sur le monde et ses habitants est importante puisque tous les mots sont mélangés: les gens emploient dorénavant un langage incompréhensible; plus personne ne se comprend: c'est la «pagaille»

Fiche 2

Fiche 2 : *Qui sont les auteurs ?*

Objectifs

- Comprendre ce qui peut susciter le désir d'écrire un roman.
- Familiariser les élèves avec un texte promotionnel inséré dans un roman.

Démarche

L'enseignant précisera dès le départ que le texte sur lequel porte la fiche est indépendant de l'œuvre en tant que telle. Dans la mesure où nous nous situons en amont du cycle 3, il est essentiel que les élèves s'initient à la découverte du paratexte (préface, notice, glossaire, etc.). Préciser que ce genre de texte promotionnel, rédigé à destination des lecteurs, se trouve parfois à d'autres emplacements (souvent sur la 4e de couverture). L'enseignant sera attentif à bien souligner combien le discours de l'auteur et le discours sur l'illustrateur s'intègrent dans une édition destinée à la jeunesse, combien des anecdotes amusantes sont susceptibles de créer une familiarité entre les lecteurs et les auteurs, etc. Mais au-delà du fait qu'ils cherchent à s'attirer la connivence des lecteurs et que leur statut promotionnel est incontestable, ces textes ont un intérêt indéniable. Y sont esquissées quelques sources du projet d'écriture. En s'attardant sur ce texte, les élèves reviennent en quelque sorte à l'origine de la création dont ils ne perçoivent généralement que le résultat.

ACTIVITÉ 1 L'activité implique tout d'abord la recherche par l'élève de la page où il doit trouver le texte promotionnel. Cette recherche peut être précédée d'un guidage méthodique de l'enseignant : « Où penses-tu trouver ce texte ? Au début, au milieu ou à la fin du livre ? » L'enseignant peut lire la page une première fois à haute voix et interroger les élèves sur la différence qui existe entre ces deux textes : l'un dit « je » ; l'autre « il ». L'un, à la première personne, a sans doute été rédigé par l'auteur, Pascal Garnier ; l'autre, qui parle de Jochen Gerner à la troisième personne, a dû être écrit par l'éditeur. Une fois les textes lus, l'activité de questionnement peut s'enclencher. Les propositions à valider ou à invalider constituent des reformulations de ce que disent ou ne disent pas les textes. Il est souhaitable de demander aux élèves de suivre la progression de celles-ci, en cherchant méthodiquement des indices textuels. Traiter éventuellement la première ligne avec eux. Dans la mesure où l'activité ne présente pas de difficultés majeures pour l'élève qui aura pris le temps de lire attentivement le texte proposé, elle peut être faite à la maison.

ACTIVITÉ 2 La fiche met en perspective des mots-clefs que l'on pourra faire souligner aux élèves comme *mots, poésie* ou *dictionnaire*. L'importance de ce dernier est à mettre en valeur, cet ouvrage de référence étant un personnage à part entière du roman.

CORRIGÉS

1.

	Affirmation	Vrai ou faux ?	Phrase des auteurs qui le prouve
AUTEUR	Pascal Garnier a eu beaucoup de 0 en orthographe.	Vrai	Pendant longtemps, j'ai été nul en orthographe.
	Il ne se sert jamais du dictionnaire.	Faux	[...] j'ai fait, pour m'aider à écrire, la plus belle rencontre du monde : le dictionnaire.
	Sur une île déserte, il emporterait une bande dessinée.	Faux	Si je n'avais qu'un livre à emporter sur une île déserte, ce serait celui-là.
	Les mots, c'est bien connu, ne changent jamais.	Faux	Les mots sont vivants, certains meurent, d'autres naissent [...].

CORRIGÉS (SUITE)

	Affirmation	Vrai ou faux ?	Phrase des auteurs qui le prouve
	La poésie ressemble à un coup de foudre amoureux.	Vrai	On dit que la poésie, c'est deux mots qui se rencontrent pour la première fois.
ILLUSTRATEUR	Jochen Gerner est un collectionneur de timbres.	Faux	Il aime [...] collectionner des mots bizarres.
	Pour compléter sa collection, l'illustrateur trouve son inspiration dans des dictionnaires et des journaux.	Vrai	Il [...] déniche [les mots bizarres] dans de gros dicos, les petites poches ou les manchettes de journaux.
	Pour son travail, l'illustrateur utilise un objet très étrange.	Vrai	Parfois, il vide ses paquets de mots dans un robot-illustrateur automatique...

2. Les auteurs de *Dico dingo* ont une passion commune pour les dictionnaires, pour l'alphabet et pour les mots.

Séquence 2

Fiche ORL 1

Un parcours illustré de bout en bout

Objectifs

- Découvrir les illustrations et les commenter afin d'approfondir sa compréhension du roman.
- Prendre des repères dans le texte.

Démarche

Avant de débuter cette séquence, lire l'ensemble de l'ouvrage à haute voix en privilégiant des pauses narratives favorisant la compréhension et le débat, puis demander aux élèves de lire le roman en silence sans négliger les illustrations. Bien insister auprès d'eux sur la liaison très étroite qui lie, dans un roman de jeunesse, texte et dessins. Préciser que cette liaison peut être ambiguë : on peut ainsi se faire une idée du genre et du ton de l'ouvrage à partir des seules illustrations. Ces dernières peuvent être très fidèles au texte et en rendre compte d'une manière très précise ; mais elles peuvent également apporter des informations supplémentaires, voire se permettre certaines infidélités. Qu'en est-il dans *Dico dingo* ? Demander aux élèves d'exprimer, collectivement et à l'oral, leurs remarques à ce sujet.

L'étude des illustrations aidera les élèves à préciser les contours d'un roman qui aura pu les dérouter par l'usage très particulier qu'il fait du langage.

Fiche 3

Fiche 3 : *Faire parler les illustrations*

Avant de laisser les élèves découvrir et compléter la fiche, les inviter à parcourir à nouveau les illustrations : collectivement, on feuillette, on observe, on verbalise. Cette activité de feuilletage préalable sera susceptible de mettre en évidence la dimension caricaturale des illustrations qui présentent, entre autres spécificités, des actions dramatiques sur un mode comique (que l'on pense, par exemple, à l'illustration pleine page – p. 22-23 – où chaque personnage prononce des mots incongrus de telle sorte que la crise ne peut être complètement prise au sérieux).

S'il s'agit ici de «faire parler les illustrations», celles-ci ne peuvent rendre compte de toute la complexité de l'histoire (l'ordre du monde chamboulé par la chute d'un dictionnaire). Cette fiche vise ainsi à aider l'apprenti lecteur à développer des comportements culturels en l'incitant principalement à chercher dans le texte proche les réponses à ses questions quand il ne les trouve pas dans les images, ce qui l'amènera à prendre des repères dans le texte. L'enseignant insistera donc auprès des élèves sur le fait qu'ils devront bien lire le texte à proximité des illustrations afin de pouvoir bien comprendre les phrases proposées dans la deuxième colonne.

Le tableau doit être exploité ligne par ligne selon la procédure suivante : passer de l'observation attentive d'une illustration à la discrimination des phrases proposées selon qu'elles correspondent ou non à ce qui est représenté. En ce qui concerne les deux colonnes suivantes, bien souligner le fait que les réponses peuvent être nuancées (par exemple, c'est à la fois une sensation d'ordre, dans la chambre, et une sensation de désordre, dans la valise, qui se dégagent de l'illustration de la page 6 ; p. 39, l'ordre est en train de se faire…), et que plusieurs adjectifs peuvent qualifier le petit Robert. À ce titre, les réponses seront forcément variées et la mise en commun permettra une discussion mettant en évidence les différentes interprétations, l'essentiel à constater étant que le petit Robert est constamment en décalage par rapport aux autres personnages de l'histoire : désireux de s'échapper d'un monde trop ordonné (comme en témoigne la représentation, p. 6, de sa valise désordonnée) quand ses parents imposent un ordre absolu, déjà inquiet quand ses parents accueillent leurs invités, etc. De fait, il est le seul à comprendre l'origine du drame.

Une fois la fiche complétée, une phase de synthèse sera aménagée et ces deux axes de réflexion pourront y être développés :

– le petit Robert est constamment en décalage par rapport aux autres personnages de l'histoire (le fouillis de sa valise illustré page 6 symbolise sans doute son désir de s'échapper d'un monde parental trop ordonné) ;

– il est le seul à comprendre la cause du drame.

CORRIGÉ

1.

Observe les illustrations attentivement.	**Souligne les phrases qui expriment ce que tu vois.**	**Est-ce une impression d'ordre ou une impression de désordre qui se dégage de cette illustration ?**	**Observe le petit Robert. Te paraît-il inquiet, soucieux, rassuré… ?**
Page 6	• Le lit est défait. • <u>À l'intérieur de la bulle, c'est le «bazar».</u> • <u>Les étagères sont bien rangées.</u>	Ordre dans la chambre. Désordre dans la mallette.	Soucieux
Page 9	• <u>Sur le bureau de M. Robert, chaque objet est nommé.</u> • Les livres ne sont pas classés par ordre alphabétique. • La poussière se glisse entre les livres.	Ordre	Absent de l'illustration
Page 11	• <u>Dans la cuisine, il y a une place pour chaque chose.</u> • La boîte marquée « F » contient du café. • Impossible de savoir où se trouvent l'huile et le vinaigre.	Ordre	Absent de l'illustration

1.

Observe les illustrations attentivement.	Souligne les phrases qui expriment ce que tu vois.	Est-ce une impression d'ordre ou une impression de désordre qui se dégage de cette illustration ?	Observe le petit Robert. Te paraît-il inquiet, soucieux, rassuré… ?
Page 15	• Les mots grouillent sur le parquet. • Aucun mot ne traîne par terre. • Les mots sautent comme des puces.	Désordre	Inquiet
Page 16	• Les personnages ont l'air content. • Tout semble normal. • C'est la catastrophe !	Ordre	Paniqué
Pages 22-23	• Tout le monde est assis sagement. • Les personnages semblent en colère. • Ils disent n'importe quoi.	Désordre	Inquiet
Page 26	• La table est sale. • Mme Robert semble contrariée. • M. Robert dit gentiment au revoir aux invités.	Désordre	Désespéré
Page 29	• Le message dans la bulle est compréhensible. • Il y a toujours des nuages noirs autour de Mme Robert. • À la télévision, deux hommes se battent.	Désordre	Absent de l'illustration
Page 33	• Félix parle très bien. • Félix se prépare à jouer au Scrabble®. • Dehors, tout est calme.	Désordre	Surpris
Page 36	• Les automobilistes sont détendus. • Les bulles sont remplies du bruit des klaxons. • M. Robert est pris dans le bouchon.	Désordre	Paniqué
Page 39	• On range chez les Robert. • Les mots sont cachés jusque sous les meubles. • Robert Robert lit une bande dessinée.	Ordre (en train de se faire)	Rassuré

Le désordre alphabétique

Fiche ORL 2

Objectifs

- Aider les élèves à « résoudre » la difficulté linguistique du roman et à apprécier « les bizarreries » du langage des personnages en retrouvant le discours « normal » attendu.
- Sensibiliser les élèves à la distorsion du langage opérée dans le roman.

Démarche

Les fiches 4 et 5 sont complémentaires dans la mesure où la première vise à faire reformuler le texte pour saisir l'absurde de la situation décrite tandis que la seconde aide la lecture en appelant la prise d'informations. La fiche 4 est sans doute la plus accessible des deux dans le cadre d'une activité autonome. La fiche 5 s'inscrira de préférence dans un travail collectif où l'enseignant prendra une part prépondérante : il fera office de guide, de conseiller et de compagnon de lecture. Aller du repérage du « brouillage linguistique » à sa remise en ordre, c'est amener les élèves vers un questionnement fondamental : l'auteur a-t-il écrit « n'importe quoi » ou, plus vraisemblablement, les mots étranges et incongrus sont-ils choisis ? Selon quel(s) principe(s) ? Pour signifier quoi ?

En fonction du degré d'intérêt du groupe classe pour cette inventivité lexicale « loufoque », on pourra, en les recopiant au tableau, travailler spécifiquement certaines expressions qui relèvent d'un jeu phonétique : « olé », « ali » pour « allo » ou encore « salami » pour « mamie » ou, peut-être, pour « salam alekum ». L'enseignant peut ainsi mettre en lumière le caractère non hasardeux du brouillage lexical qui se double souvent d'une dimension métaphorique (par exemple, « la serpette est en panne » : la télé n'est-elle pas la serpe de la cervelle, autrement dit la coupeuse de cervelle ?)

Fiche 4

Fiche 4 : *L'alphabet sens dessus dessous*

Dans un premier temps, l'enseignant relit à haute voix l'ensemble du chapitre 1. Un échange avec les élèves lui fait suite. On commence donc par être strictement dans l'oralisation (lecture à haute voix + remarques).

Cette fiche implique ensuite une totale autonomie de l'élève dont la lecture est soutenue par un guidage qui l'invite à des pauses réflexives page après page. Le travail ne peut être mené qu'en silence. Dans le cas où des difficultés de lecture sont repérées, l'enseignant s'autorisera bien sûr à relire le texte à haute voix.

La seconde phase est collective. Elle permettra à l'enseignant d'utiliser les réponses des élèves pour établir un bilan de la situation romanesque à l'issue du chapitre 2.

CORRIGÉ

Après avoir lu...	Je me demande...
... la page 19	... si Mme Robert a bien compris la réponse de son mari : **Non, car cette phrase – « Mais enfin, Arlette, sers-nous l'alpaga, des ampoules et de la mobylette. » – ne veut rien dire.**
... les pages 19-20	... quelle phrase indique que Robert Robert a bien compris sa bêtise : **« Aïe, aïe, aïe ! Je n'ai sans doute pas remis tous les mots au bon endroit ! »**
... les pages 20-21	... comment se comporte le couple Robert : **Englué dans un langage on ne peut plus loufoque, le couple Robert en vient à la dispute.**

Après avoir lu...	Je me demande...
... les pages 20-21	... comment se comporte le couple Azertyuiop : **Le couple Azertyuiop, pris dans le même imbroglio langagier, mais embarrassé par la scène qui débute entre M. et Mme Robert, tente d'apaiser la situation en faisant preuve de bonne volonté.** ... comment se comporte le petit Robert : **Le petit Robert, conscient de sa responsabilité, se fait le plus petit possible.**
... la page 21	... quels sont les mots qui n'ont pas de sens dans les phrases où ils se trouvent : «**napperon**» ; «**plombier**» ; «**rapporteur**» ; « **couvercle**» ; «**galipette**» ; «**alpaga**» ; «**paillasson**» ; «**sparadrap**» ; «**épuisettes**»
... les pages 22-23 et bien observé l'illustration	... quel mot surprenant est prononcé par : Mme Robert : «**Ripolin**» M. Robert : «**globulaire**» Mme Azertyuiop : «**rapporteur**» M. Azertyuiop : «**paillasson**»
... les pages 24-25	... comment se finit le chapitre : **Par une dispute généralisée entre les deux couples en présence.**

Fiche 5

Fiche 5 : *Remettons de l'ordre dans tout ça !*

Démarche

En amont de l'activité, lire les différents extraits «dingo» de l'ouvrage. Les élèves, auditeurs de ces extraits, seront ainsi mis en situation de surprise, de questionnement, de doute. Leur demander de réagir et d'énoncer spontanément – le contexte aidant – des mots plus adaptés à la situation. Puis, amener les élèves à comprendre ce qu'ils font lorsqu'ils traduisent «bon gribouillage» par «bon débarras» (puisque c'est ce que l'on dit dans un tel contexte) et les inviter à continuer : le mot est inintelligible mais l'on comprend cependant rapidement celui/ceux qui peu(ven)t le remplacer du moment que le contexte est convoqué. On obtiendra sans nul doute un grand nombre de propositions très variées, à évaluer principalement selon le critère de la double cohérence énonciative et situationnelle.

ACTIVITÉ 1 L'exploitation de cette fiche se fera dans le cadre d'un travail collectif, ligne après ligne. Avant de travailler l'extrait proposé, l'enseignant relira les paragraphes qui précèdent et qui suivent de façon à vérifier que chacun a bien compris la situation. Il laissera ensuite quelques minutes aux élèves pour choisir leurs mots et reformuler les phrases. L'idée essentielle est ici de mieux appréhender l'inintelligibilité du discours des personnages. Dans la fiche, on fait rétablir un discours intelligible. Mais comment choisir cet autre mot pour y parvenir? Le choix se fait à deux conditions :

– le lecteur doit avoir compris la situation des personnages ; d'où la nécessité de bien cadrer l'anecdote ;

– le lecteur doit pouvoir mobiliser des références culturelles (Comment accueille-t-on des invités? À quels sujets de conversation peut-on s'attendre dans de telles situations? Etc.) pour substituer sa propre écriture à celle du texte.

La mise en commun se fera dans un second temps. Le fait d'insister sur la possibilité de donner plusieurs mots plus ou moins synonymes («Il y a de quoi devenir dingue» ; «Il y a de quoi devenir chèvre !», par exemple) pourra rajouter de l'intérêt à la phase de correction de la fiche, les élèves devant justifier et comparer leur choix respectif.

ACTIVITÉ **2** L'activité proposée est une activité de comparaison. Les élèves reviennent au livre et donc à la version la plus problématique. L'activité 1 venant d'être effectuée, ils sont placés dans une situation plus favorable de relecture : ils sont en mesure de confronter les mots que l'on attendait et ceux que l'on a. Il s'agit d'insister sur le non-sens des paroles des personnages, dépassés par un vocabulaire qu'ils ne maîtrisent pas. Étant donné la complexité de la question posée, l'enseignant peut mener cette activité oralement, puis pratiquer la dictée à l'adulte.

Prolongements

– Dans la continuité des expériences poético-ludiques des écrivains du groupe L'Oulipo et pour aller dans le sens inverse de l'activité proposée sur la fiche, l'enseignant pourra proposer un énonce cohérent qu'il faudra rendre inintelligible : souligner dix mots dans un texte relativement court. En faire rechercher le sens dans un dictionnaire. Les élèves remplacent chacun de ces mots par l'article du dictionnaire qui le suit ou le précède. Leur faire relire les textes recréés à haute voix.

– Il peut également être judicieux de travailler sur les expressions « trouvailles » du roman comme « devenir corne de brume », « avoir un rapporteur sous le couvercle », « être galipette », « tousser dans son poing », « dépasser les brochettes », etc., et d'établir le dictionnaire de *Dico Dingo* : *Le Robert dingo*.

CORRIGÉS

1. Proposition :
[...] – Chérie, si tu servais l'**apéritif** à nos invités avec quelques **olives** farcies et des tranches de **saucisson** ?
[...] – Mais enfin, Arlette, sers-nous **des olives**, des **cacahouètes** et de la **liqueur de framboise** !
– Et pourquoi pas **de l'huile** avec une bonne couche de **moutarde** ?
[...] – Mal au foie, toi !... Tu es capable d'avaler un **jambon** entier arrosé de quatre ou cinq **litres de sirop** !
– Mais qui te parle de **jambon** ? Sers-nous donc l'**apéritif** au lieu de **raconter** n'importe quoi ! Il y a de quoi devenir **chèvre** !
– **Chèvre** toi-même ! Espèce de... de...
[...] – De... de **crétin** !

2.
• [...] – Chérie, si tu servais l'**alpaga** à nos invités avec quelques **ampoules** farcies et des tranches de **mobylette** ?
[...] – Mais enfin, Arlette, sers-nous **l'alpaga**, des **ampoules** et de la **mobylette** !
– Et pourquoi pas **du cerf-volant** avec une bonne couche de **serpentin** ?
[...] – Mal au foie, toi !... Tu es capable d'avaler un **paillasson** entier arrosé de quatre ou cinq **lessives** !
– Mais qui te parle de **paillasson** ? Sers-nous donc l'**alpaga** au lieu de **badigeonner** n'importe quoi ! Il y a de quoi devenir **corne de brume** !
– **Corne de brume** toi-même ! Espèce de... de...
[...] – De... de **napperon** !

• La comparaison est éloquente. Le dialogue créé était amusant. On voyait bien que le mari et la femme se mettaient en colère sans véritable raison. Toutefois, leur dialogue conservait un sens. Ils ne disaient pas n'importe quoi. Dans la version du livre, on a l'impression qu'ils ne contrôlent plus leur vocabulaire et que les mots sortent de leur bouche un peu au hasard. De fait, leur langage est bien devenu « dingo ».

Séquence 4 — Cata... strophe !

Fiches ORL 3 et 4

Objectifs

• Sensibiliser les élèves au caractère hyperbolique du langage courant qui tend à dire le plus pour exprimer le moins.

• Se familiariser avec les champs lexicaux, ici médicaux et guerriers.

• Mener une réflexion sur l'importance et la complexité du langage (ou comment la confusion langagière peut conduire à la violence domestique, sociale, mondiale).

Fiche 6

Fiche 6 : *L'heure est grave !*

Démarche

La séquence est initiée par la lecture (éventuellement faite par l'enseignant) du chapitre 3, et prolongée par une phase collective divisée en trois temps :

– Débat entre élèves pour distinguer le sens que donne Robert aux mots qu'il emploie et ce que comprend le lecteur.

– Mise en évidence de la tendance hyperbolique du langage courant qui tend à dire le plus pour exprimer le moins (par exemple, « c'est à mourir de rire », « manger comme un ogre », « être vert de rage », etc.).

– Réflexion collective autour de ce qui est peut-être l'enjeu de ce livre, à savoir que la confusion du langage est susceptible de conduire à la violence mondiale.

Qu'il s'agisse de l'activité 1 ou de l'activité 2, l'enseignant conseillera aux élèves d'utiliser un crayon à papier car les situations de réflexion et de déduction sont propices aux erreurs et au gommage.

ACTIVITÉ 1 L'activité sera traitée en autonomie. Les mots proposés pour compléter le texte à trous peuvent poser en eux-mêmes des problèmes de compréhension. Cependant, insister sur le fait que l'on fait appel au raisonnement logique des élèves et que ceux-ci peuvent procéder par élimination, et s'appuyer sur le contexte général de la phrase pour placer le bon mot à la bonne place.

ACTIVITÉ 2 Avant la réalisation de l'activité, veiller à corriger l'activité 1, et mener une réflexion collective afin de s'assurer que tous les élèves ont bien compris le sens de chaque mot. Puis, laisser les élèves compléter la première colonne. Privilégier ensuite le travail en binôme. Terminer par une phase de mise en commun qui permettra de mettre en valeur :

– d'une part, l'importance du langage – devenu confus, il conduit à une confusion généralisée, fait naître la violence, etc. ;

– d'autre part, la complexité du langage : amener les élèves à pointer le caractère hyperbolique du langage – N'est-il pas exagéré de dire que c'est « pire qu'une bombe atomique », que la Troisième Guerre mondiale a été déclenchée, etc. ?

Ce qui permettra de familiariser les élèves avec les isotopies – ici médicale et guerrière –, qui sont à interpréter comme une mise à distance à la fois ironique et poétique.

CORRIGÉS

1.

– La Première Guerre mondiale s'est déroulée de 1914 à 1918. La Seconde, de 1939 à 1945. On a eu très peur que la Troisième Guerre **mondiale** ne se déclenche 20 ans plus tard.

– L'**humanité**, c'est l'ensemble des êtres humains vivant sur la Terre.

– En 1945, les Américains ont lâché une bombe **atomique** sur la ville japonaise d'Hiroshima.

– Le **virus** de la grippe aviaire est très grave.

– Dans le système solaire, la **planète** Mars est celle qui est la plus éloignée de la Terre.

2.

Expressions	Sens donné aux expressions par Robert Robert
« J'ai mis le monde à feu et à sang, j'ai déclenché la Troisième Guerre **mondiale**. »	Tout le monde est contaminé.
« Je suis pire qu'une bombe **atomique**. »	Les hommes sont en danger.
« La planète entière semble avoir attrapé le **virus**. »	Je suis la cause de tous les problèmes.
« Robert se sent aussi seul que s'il venait de débarquer sur la **planète** Mars. »	Je suis désormais seul au monde.
« Il y va du sort de l'**humanité**. »	Je suis responsable d'une catastrophe.

Séquence 5

Nommer, c'est jouer

Fiche ORL 5

Objectif

Aider les élèves à faire le lien entre une notion connue, « l'ordre alphabétique », et l'intrigue de *Dico dingo*

Démarche

Cette séquence s'inscrit spécifiquement dans le cadre d'une relecture. On vise ici des retours sur des extraits déterminants du roman. Lire un livre, c'est aussi prendre le temps de relire des passages, de s'arrêter sur une illustration particulièrement attractive, de prêter attention à un détail du texte, sur lequel on a pu passer un peu trop vite, par exemple le nom des personnages, etc. En fixant l'attention des élèves sur les noms « Robert » et « Azertyuiop », en apparence anecdotiques pour eux, l'enseignant aura le loisir d'établir des liens entre :

– le nom des Robert, l'ordre alphabétique propre à un dictionnaire et l'ordre concret qui règne chez eux ;

– le nom des Azertyuiop et le désordre alphabétique qu'il porte en germe.

Fiche 7

Fiche 7 : ***Jouer avec les mots***

ACTIVITÉ 1 Les élèves sont invités à faire le lien entre les noms propres « Robert » et « Azertyuiop », et leur correspondance avec des éléments appartenant à la réalité : l'ordre des lettres d'un clavier d'ordinateur et d'un dictionnaire.

ACTIVITÉ 2 La relecture de la page 8 semble essentielle : y est implicitement exprimée la relation étroite qui existe entre le dictionnaire Le Robert et les personnages Robert, à savoir l'ordre alphabétique sacré. On attend des élèves qu'ils retrouvent tous les indices qui démontrent l'attachement viscéral du couple à cet ordre. Dans une phase collective finale, confronter leurs réponses pour rendre plus claire l'association symbolique famille/dictionnaire.

ACTIVITÉS 3 ET 4

Ces activités, à effectuer de pair, requièrent un temps de recherche individuelle avant la phase collective de propositions de réponses. L'activité 3 vise à mettre en valeur le désordre sous-entendu par le nom «Azertyuiop». Dans l'activité 4, deux solutions sont susceptibles de se faire jour: soit l'ordre alphabétique au sens propre, «Abcdefghij», soit les lettres du nom «Azertyuiop» remises dans l'ordre alphabétique: «Aeioprtuyz». La première hypothèse semble plus pertinente. En effet, les Robert et les «Abcdefghij» auraient tout pour s'entendre alors que les représentants de l'ordre alphabétique ont toutes les chances de s'opposer à un couple au nom si désordonné.

Dans le cadre de la réflexion collective, conduire les élèves à supposer que le nom «Azertyuiop» est, pour ainsi dire, annonciateur/déclencheur du désordre à venir. Tout commence en effet à se gâter sérieusement à partir de leur visite chez les Robert.

ACTIVITÉ 5

L'activité s'appuie sur la page 34 du roman, où Robert fait référence au Scrabble®. Dans la mesure où ce jeu est sans doute inconnu des élèves, lire la consigne avec eux en apportant toutes les informations utiles pour comprendre son fonctionnement. La question posée aux élèves fait ensuite appel à leur connaissance du roman. Dans un contexte de désordre alphabétique à l'échelle de l'humanité, il va de soi que le Scrabble® devient un jeu «miné».

Prolongement

En adoptant une démarche ludique, mettre en place, avec les élèves, le dispositif d'un Scrabble® un peu spécial, dans lequel il s'agirait de retrouver les mots «bizarres» du roman. Une fois ces derniers pointés, les élèves fabriqueront les étiquettes-lettres qui permettront d'écrire chacun des mots trouvés. Le jeu peut alors commencer. L'enseignant aura pris soin préalablement de recopier, en gros au tableau, tous les mots bizarres afin que chacun puisse s'y référer. On conservera la valeur des lettres du jeu classique – ce serait d'ailleurs l'occasion de le faire découvrir. Les parties se joueront en groupes.

CORRIGÉS

1.
a. Robert
b. Azertyuiop

2. «[...] les crayons sont toujours alignés dans la boîte marquée "Crayons" [...] et les livres rigoureusement classés par ordre alphabétique dans la bibliothèque [...]. Dans sa cuisine, la boîte marquée "F" ne peut contenir que de la farine [...].»
Le nom «Robert» est amusant car il fait directement référence au titre d'une famille célèbre de dictionnaires (*Le Grand Robert, Le Petit Robert, Le Robert Benjamin, Le Robert Junior*...). Or, c'est au sein d'une famille ultra-alphabétisée et ordonnée que le brouillage linguistique va s'opérer. Métaphoriquement, la désorganisation des Robert (petit et grands) provoque la désorganisation globale du langage et de l'acte fondamental de communication.

3. Le nom «Azertyuiop» est désordonné et ne répond en rien à l'ordre alphabétique qui régit la vie des Robert. Ce nom est amusant par la sonorité de sa syllabe finale qui ressemble à une onomatopée de bandes dessinées. Son écriture pourrait correspondre à un nouvel alphabet absurde car complètement automatique.

4.
– Aeioprtuyz (ordre alphabétique à partir des lettres du nom de départ);
– Abcdefghij (ordre alphabétique).

5. Robert s'inquiète car chacun des joueurs va proposer des mots qui ne veulent rien dire: aucune règle ne saurait alors s'appliquer. Cette absence de règles du jeu – il n'y a plus d'ordre de référence – impliquera forcément des heurts entre les participants.

Séquence 6 **La morale de l'histoire**

Fiche ORL 6

Objectifs

- Aider les élèves à cerner le contenu philosophique et/ou moral de l'aventure du petit Robert.
- Mettre en perspective les interrelations entre le début et la fin d'un roman.

Démarche

Les activités mises en place dans cette séquence gagneront à être engagées en fin de parcours, ou, tout au moins, lorsque les élèves seront parvenus à prendre de la distance par rapport à la stricte «littéralité» du texte. L'enseignant pourra se servir de la fiche 8 dans le cadre d'une réflexion collective sur le langage et la communication, l'idée étant de mettre en évidence le fait que, dans un roman, l'aventure singulière a toujours, peu ou prou, des implications universelles. La fiche 9, quant à elle, permettra de remettre en perspective le début et la fin du récit, et invite, ce faisant, à un bilan de lecture.

Fiche 8

Fiche 8 : *Les leçons d'une aventure*

Dans un premier temps, on peut imaginer un fonctionnement en binôme. Avant que chaque groupe n'entame le travail, il sera utile de rappeler qu'il convient de sélectionner les passages les plus pertinents, et non de citer des passages de 20 lignes. À ce titre, on pourra en profiter pour expliquer le rôle du signe [...] dans la restitution d'un extrait. L'enseignant laissera une bonne demi-heure aux élèves pour qu'ils remplissent la fiche en les invitant à débattre de leurs choix à l'intérieur de chaque binôme. Lors de la mise en commun, on ne visera pas simplement une «correction», mais plutôt un étayage, une verbalisation de tout ce qui aura été trouvé (affirmations générales + citations): « Comment as-tu compris telle phrase? Comment pourrais-tu la formuler autrement? Dans cette citation, n'y-a-t-il pas un mot plus important que les autres par rapport à l'affirmation qui lui correspond? Etc.» Inévitablement, les élèves effectueront des va-et-vient entre l'histoire singulière et l'histoire universelle, le plus souvent sans s'en rendre compte. Le rôle d'étayage de l'enseignant sera ici essentiel, en ce qu'il favorisera le développement de l'abstraction à partir des données concrètes d'une histoire narrée.

Prolongement

Le retour sur la fiche pourra «déborder» positivement sur le domaine de l'éducation civique. Profiter de la dynamique de la réflexion pour aboutir, en fin de séquence, à des éléments de réponse aux spéculations suivantes:

– Et si à la place de l'ordre, on substituait le chaos alphabétique?

– Tout l'ordre du monde en serait-il chamboulé?

– L'ordre du langage tiendrait-il, en ses mains – en ses «mots» – l'ordre du monde?

– Etc.

CORRIGÉ

À chacun ses petites folies.	«Sa mallette, son indispensable fourre-tout où il accumule les bouts de ficelle, [...], ses trésors [...] ».
Dans la vie, il y a une limite à tout ordonner.	« [Mme Robert] passe son temps à arranger, organiser, ordonner tout ce qui lui passe entre les doigts. »

CORRIGÉ (SUITE)

Gros mensonges ne profitent jamais.	«"Aïe, aïe, aïe! Je n'ai sans doute pas remis tous les mots au bon endroit!" Mais il est trop tard. Entre son père et sa mère, le ton monte.»
Laisser tomber les livres, c'est rendre le monde «dingo».	«[...] le monde se déchaîne. Personne ne comprend plus personne et chacun veut convaincre l'autre.»
Communiquer est le seul moyen de s'entendre.	«C'est inutile, personne ne l'écoutera, personne ne le comprendra [...] ! Robert se sent aussi seul que s'il venait de débarquer sur la planète Mars.»
«Dico dingo» ou pas c'est dans son automobile qu'on reconnaît le vrai caractère d'un homme.	«[M. Robert] est aux prises avec une meute d'automobilistes tous plus menaçants les uns que les autres.»
Que serait la vie si tout était toujours réglé comme une horloge?	«[...] et ce petit grain de folie donne un peu de soleil dans la vie si bien rangée de la famille Robert.»

Fiche 9

Fiche 9 : *Tout est bien qui finit bien...*

Cette fiche, qui propose une comparaison entre le début et la fin de l'histoire, ici placée au terme du parcours, peut également constituer un mode d'entrée stimulant dans la compréhension du roman, et pourra donc être exploitée plus en amont. La lecture du roman ayant mené le lecteur à la fin de l'histoire, il s'agit maintenant d'en effectuer une relecture ciblée en comparant la situation initiale et la situation finale.

ACTIVITÉ 1 En s'appuyant sur le guidage du tableau à double entrée, les élèves effectuent la même démarche de questionnement sur le premier et le dernier chapitre du roman. Ils sont amenés à affiner leur recherche comparative en se concentrant sur la dernière page de l'ouvrage. L'enseignant peut accompagner le travail des élèves: faire lire les deux textes à haute voix par un élève; demander aux élèves de commenter oralement et spontanément la mise en parallèle de ces deux textes: quelles différences? Comment se «répare» la bêtise initiale du petit Robert? Etc. Laisser ensuite les élèves travailler individuellement sur la fiche.

ACTIVITÉ 2 Bien insister auprès des élèves sur la nuance dont il s'agit de faire preuve dans la réponse à cette question. Tout dépend en effet du point de vue où l'on se place. Après l'aventure du *Dico dingo*, rien ne sera, en effet, jamais plus comme avant: l'ordre absolu s'est lézardé. Désormais, il y a des mots qui échappent au rangement «maniaque». Mais il convient de s'interroger: un peu moins de rigidité n'est-il pas finalement le bienvenu? Ce «petit grain de folie» n'apporte-t-il pas un peu de fantaisie dans la vie si bien (trop?) rangée de la famille Robert? Exploiter, à ce sujet, l'illustration de la p. 41: un artichaut (mot employé à l'occasion de manière incongrue) mêlé au soleil, symbole de l'humour, de la vitalité enfin entrée dans la maison.

Prolongement

La dernière question posée conduit à une réflexion plus générale sur les modes de clôture d'un récit. L'enseignant pourra approfondir la réflexion en comparant diverses «chutes» de romans de jeunesse, le but étant d'observer si la fin correspond véritablement à une fermeture de l'histoire, si elle invite le lecteur à tirer de l'histoire narrée une leçon, etc.

1.

Demande-toi...	**... à la page 14** «Tant bien [...] ne s'en apercevra	**aux pages 38-39** « M. et Mme Robert [...] comme ça. »
qui sont les personnages présents.	Robert Robert.	Les trois membres de la famille Robert.
ce qu'ils **font**.	Robert ramasse les mots éparpillés.	Ils rangent les mots éparpillés.
quelle **phrase** du texte indique qu'ils font **bien** (ou **non**) leur travail.	«Tant bien que mal, Robert ramasse ce qu'il peut et remet tout en vrac entre les pages du dico.»	«Au petit jour, tout est rentré dans l'ordre ou presque.»
quels mots ne sont pas rangés.	«tétragone, clafoutis, mobylette, alpaga, etc.»	«Corne de brume, tétragone, Ripolin, papyrus, etc.» + «artichaut».

2. Non, tout n'est pas parfaitement rentré dans l'ordre parce que quelques mots rares n'ont toujours pas été bien rangés. Cependant, la situation finale reste positive et plutôt optimiste. Désormais, la vie des Robert sera un peu plus fantaisiste et aura un peu plus de piment.

Observation réfléchie de la langue

Guide pédagogique et fiches élèves

1. Identifier des comparaisons
Vocabulaire
p. 30 — Fiche 1 p. 49

2. Comment retrouver les chaînes d'accord ?
Accord de l'adjectif attribut
p. 31 — Fiche 2 p. 50

3. Comment marquer la ponctuation ?
Usage des signes de ponctuation
p. 33 — Fiche 3 p. 51

4. Qui interroge qui ?
La phrase interrogative
p. 34 — Fiche 4 p. 52

5. Ce sont les mêmes mots ; est-ce le même texte ?
Les types de phrase
p. 35 — Fiche 5 p. 53

6. À quels temps raconte-t-on une histoire ?
Usage du présent et du passé simple dans le récit
p. 36 — Fiche 6 p. 55

Observation réfléchie de la langue
(Grammaire-Conjugaison-Orthographe-Vocabulaire)

L'étude de la langue consistant selon les programmes, à « *examiner des productions écrites comme des objets qu'on peut décrire, et dont on peut définir les caractéristiques* », l'explicitation de l'interprétation d'un texte comporte une phase de **lecture grammaticale** quand le questionnement porte sur la façon dont le texte est écrit. Amener l'élève à s'intéresser à la façon dont la langue est utilisée pour donner sens, c'est **l'aider à construire les connaissances et les savoir-lire-écrire** nécessaires afin d'interpréter et de rédiger des textes.

Les activités linguistiques proposées dans les fichiers *Atouts littérature* peuvent intervenir avant ou après les nécessaires leçons consacrées à l'étude d'un fait de langue particulier pour approcher ou expérimenter, en contexte et en situation, comment mobiliser efficacement les connaissances grammaticales et lexicales qui interviennent dans les processus de lecture et d'écriture.

Les textes travaillés dans les fiches n'étant pas choisis pour aborder une à une les notions au programme, on ne cherchera pas à associer systématiquement une fiche d'observation réfléchie de la langue à une séquence de lecture particulière.

Toutefois, des renvois entre les séquences lecture et d'observation réfléchie de la langue (ORL) sont proposés lorsqu'un même passage du roman est traité.

Ce qu'il faut enseigner en ORL, c'est comment **les connaissances grammaticales et lexicales interviennent dans les processus de lecture et d'écriture**.

L'ORL n'est pas uniquement descriptive, c'est aussi et surtout une réflexion sur la manière dont un sujet use de la langue pour comprendre et se faire comprendre.

Toutes les fiches ORL ont pour objectif de renforcer la compréhension du lecteur par une meilleure connaissance du fonctionnement de la langue.

ORL - Fiche 1 — Identifier des comparaisons

Objectifs

- Familiariser les élèves avec le procédé de la comparaison.
- Les sensibiliser à un mode d'expression très imagé.

Démarche

Le travail sera fait en autonomie, livre en main. Une fois la fiche remplie, corriger collectivement, puis proposer aux élèves de rechercher les domaines de référence exploités dans l'établissement de ces comparaisons :

– un monde animalier varié : insectes, chenilles, puces, chèvres, punaise (avec son double sens). Les choses et, surtout, les mots sont vivants, parfois inquiétants, piquants, etc. ;

– l'alphabet : le « I » et le « O ». Les lettres sont humaines, ont une silhouette, une personnalité...

Durant l'exploitation collective, encourager les élèves à expliquer en quoi l'usage de la comparaison enrichit l'écriture.

Prolongement

Faire imaginer aux élèves d'autres comparaisons que celles présentes dans le texte. Il est important que le repérage du procédé permette d'enclencher une activité de création. L'assimilation en sera d'autant plus facilitée. Plusieurs groupes seront constitués, chacun s'attachant à créer des comparaisons (par exemple, de la plus banale à la plus surprenante) dont il rendra compte à haute voix. Le reste de la classe pourra commenter. Introduire éventuellement en complément des poèmes divers, dans lesquels les comparaisons donnent toute leur force expressive (« La Terre est bleue comme une orange », Paul Eluard, etc.).

CORRIGÉ

Page(s)	Les personnages ou objets...	sont comparés à...
13	« Il y a des mots partout, comme… »	… un sac de billes.
13	« Catastrophe ! on dirait des… »	… insectes grouillant sur le parquet, des chenilles noires […].
13	« D'autres mots plus courts, comme "ah ! eh !", sautent, pareils à… »	des puces.
18	« [M. Azertyuiop] est très grand, très maigre, très noir, avec une petite tête ronde juchée au-dessus de ses épaules comme… »	un point sur un « I ».
18	« C'est tout le contraire de sa femme, aussi ronde qu'… »	un « O » majuscule en caractère gras.
18	« À présent, [tout le monde est] assis du bout des fesses sur des chaises aussi maigres que… »	de vieilles chèvres.
20	[Mme Robert s'adresse à son mari] : « Espèce de… de… »	napperon !
20-21	« Le petit Robert se fait encore plus petit, pas plus gros qu'… »	une punaise enfoncée sur son siège.
37-38	« […] il parvient à tirer son père hors de la mêlée qui transforme la rue en… »	un véritable champ de bataille.

ORL - Fiche 2

Comment retrouver les chaînes d'accord ?

Objectifs

- Établir la cohérence sémantique et la cohésion morphosyntaxique de la chaîne d'accord : sujet + verbe être + adjectif attribut.
- Distinguer dans les entrées du dictionnaire les adjectifs à une ou deux formes orales et deux, trois ou quatre formes écrites.

Démarche

ACTIVITÉ 1 Il s'agit d'un extrait du roman (légèrement reformulé) à compléter à l'aide de cinq adjectifs qualificatifs. Pour les replacer judicieusement, les élèves s'appuieront d'abord sur le sens des mots puisque les adjectifs qualificatifs proposés ne sont pas accordés. Ce premier choix se fait au crayon à papier. Après un travail en autonomie, une première mise au point collective tendra à faire verbaliser les modes de raisonnement mis en jeu (par élimination, par tâtonnement, etc.). Une fois que la classe dans son ensemble sera parvenue à un texte parfaitement cohérent du point de vue sémantique, laisser les élèves effectuer l'activité 2.

ACTIVITÉ 2 Amener les élèves à repérer la forme verbale « sont », présent de l'indicatif, troisième personne du pluriel du verbe « être ». Si les propriétés de l'accord nom/attribut du sujet ont déjà été revues, ne pas ménager un temps de mise au point. Dans le cas contraire, une pause réflexive est envisageable. On entre ici dans la cohésion morphosyntaxique de la chaîne d'accord. L'élève doit choisir la bonne forme en établissant une relation d'accord en genre et en nombre de l'adjectif avec le nom qu'il qualifie.

L'activité aboutit à une phase synthétique où l'enseignant guide l'explicitation collective de la manière dont tel ou tel choix a été fait. L'idée essentielle étant toujours de permettre la nette distinction de ce qui, dans «le choix», relève de la sémantique et de la morphosyntaxe.

ACTIVITÉ 3 L'idée d'évoquer l'entrée d'un article de dictionnaire dans la dernière activité de la fiche est importante dans la mesure où le dictionnaire est l'objet-support fondamental du récit. Les élèves sont sensibilisés au fait que c'est la forme au masculin qui est donné d'abord dans l'article puis sa terminaison au féminin, l'entrée de l'article ne comportant pas les formes au pluriel. Il serait intéressant de faire lire aux élèves les articles correspondant aux adjectifs retenus pour qu'ils repèrent, notamment, dans les citations proposées à titre d'exemple, le genre et le nombre de l'adjectif.

L'activité conduit à distinguer quatre classes d'adjectifs caractérisées par leur nombre de formes à l'oral (1 ou 2) et leur nombre de formes à l'écrit (2, 3 ou 4).

Prolongement

Dans le cadre d'un travail collectif, on pourra insister sur la valeur des adjectifs qualificatifs proposés. Ils permettent en effet de caractériser nettement le bureau de M. Robert qui se distingue par son ordre absolu. Sans nommer forcément la notion de champ lexical à ce stade du cycle 3, on pourra amener les élèves à repérer que plusieurs mots d'un texte correspondent à un thème commun.

CORRIGÉS

1. Sur son bureau, les crayons sont toujours (**aligné**) dans la boîte marquée «Crayons»; les papiers sont (**empilé**) dans le tiroir à papier; les gommes sont (**posé**) dans le panier à gommes. Les livres, quant à eux, sont rigoureusement (**classé**) par ordre alphabétique dans la bibliothèque, et sont si (**serré**) que pas une poussière ne pourrait s'y glisser.

2. Sur son bureau, les crayons sont toujours **alignés** dans la boîte marquée «Crayons»; les papiers sont **empilés** dans le tiroir à papier; les gommes sont **posées** dans le panier à gommes. Les livres, quant à eux, sont rigoureusement **classés** par ordre alphabétique dans la bibliothèque, et sont si **serrés** que pas une poussière ne pourrait s'y glisser.

3.

Adjectifs	Nombre de formes	
	orales	écrites
petit, ite [pəti, it] adj.	2	4
heureux, euse [øʀø, øz] adj.	2	3
perdu, ue [pɛʀdy] adj.	1	4
rouge [ʀuʒ] adj.	1	2

4.

Masculin singulier	Féminin singulier	Masculin pluriel	Féminin pluriel
petit	petite	petits	petites
heureux	heureuse	heureux	heureuses
perdu	perdue	perdus	perdues
rouge	rouge	rouges	rouges

ORL - Fiche 3 .....

Comment marquer la ponctuation ?

Objectifs

- Reconnaître les signes de ponctuation.
- Marquer la ponctuation pour fluidifier la lecture à haute voix et lui donner du sens.
- Souligner combien la ponctuation tend à valoriser un certain nombre de mots essentiels dans le discours.

Démarche

ACTIVITÉS 1 ET 2

Ces activités doivent être lues à haute voix de façon à ce que les élèves puissent mesurer les écueils d'un texte non ponctué et, inversement, l'expressivité retrouvée d'un texte ponctué. Ces activités d'entraînement les amèneront à reconsidérer leur manière de lire. Dans l'activité 1, la lecture est entravée: la ponctuation n'est pas là pour aider l'élève à segmenter le texte en unités syntaxiques et à repérer des types de phrase. L'activité 2 présente en revanche une situation de relecture à haute voix. Les repères qui sont donnés (/ et //) permettent de réfléchir au choix des intonations et à la distribution des accents syntaxiques et des accents expressifs qui correspondent ou non aux pauses.

Le travail interprétatif proprement dit sera effectué collectivement et à partir de questions simples: pourquoi «PATATRAS» est-il écrit en capitales? Que signifie le mot «catastrophe»? Comment ces deux mots sont-ils mis en valeur par la ponctuation? Dans quel but? Etc. L'essentiel consiste à mettre en évidence l'événement perturbateur (la chute du dictionnaire sacré) qui bouleversera l'ordre absolu qui règne chez les Robert.

ACTIVITÉ 3

Le repérage du mot-clef ne doit en principe pas poser de problème (sans compter l'indice des capitales). Pour que l'activité soit efficiente, il est nécessaire de bien insister sur le fait qu'il s'agit ici d'une activité de lecture oralisée – on lit en quelque sorte pour comprendre sa façon de lire. De fait, c'est moins la bonne réponse qui est attendue que la façon d'y arriver. Insister également sur le rôle des points de suspension, qui notent un silence et mettent ainsi l'accent sur le mot qui précède ce silence.

ACTIVITÉ 4

Les signes / et // demeurant de simples convention d'intonation, on revient ici aux véritables signes de ponctuation. L'activité encourage un repérage précis de cette dernière.

ACTIVITÉ 5

Cette activité gagnerait à être mise en œuvre en binôme. Chaque duo pourrait ainsi procéder, «en interne», à sa propre autocritique avant de livrer sa lecture à la classe. L'idée n'étant pas de discriminer ceux qui lisent bien et ceux qui lisent mal, mais de vérifier le respect de la consigne de départ au moyen de la lecture.

En ce qui concerne la relecture à haute voix et l'interprétation vocale du texte, il est nécessaire de préciser qu'il y a toujours un risque de confusion entre accent (syntaxique ou expressif), intonation liée au type de phrase et pause liée aux capacités respiratoires du lecteur, donc entre la syntaxe et la physiologie. De fait, si l'on doit respirer, on le fait à un signe de ponctuation, mais l'inverse (s'arrêter et respirer à chaque signe de ponctuation) ne correspond pas à la réalité.

ACTIVITÉ 6

Cette activité constitue le pendant de l'activité 3. Cependant, elle vise à la complexifier puisque, cette fois, les pauses de souffle sont à effectuer en fonction de la ponctuation du texte. Le fonctionnement en binôme reste le bienvenu.

Prolongement

Reproduire en classe à plusieurs reprises sur d'autres passages le principe de lecture établi par la fiche.

CORRIGÉS

3. PATATRAS.
4. Bras tendus, sur la pointe des pieds, il atteint la mallette quand la chaise se met à trembler, vacille et... PATRATAS!... chaise, petit Robert et dictionnaire, tout tombe par terre.
6. Catastrophe.

ORL - Fiche 4 Qui interroge qui ?

Objectifs

- Sensibiliser les élèves aux différents rôles de la phrase interrogative.
- Savoir identifier l'émetteur et le destinataire d'une question en distinguant la fonction «sujet» et la fonction «apostrophe» ou en utilisant le contexte.

Démarche

La fiche met en jeu deux compétences, l'une de repérage (d'une phrase interrogative), l'autre de discrimination (entre une question posée à soi-même et une question posée à autrui). Envisager une séance en trois temps:

– lecture silencieuse des pages 32 à 34;

– activités sur la fiche;

– relecture théâtralisée des situations de dialogue, qui entraînera un questionnement collectif: comment pose-t-on une question? Quels sentiments traduisent les diverses interrogations du petit Robert? Etc. La fiche permettra de bien distinguer la phase de questionnement (et de doute voire d'angoisse) de Robert Robert de la phase d'interrogation proprement dite où le héros questionne directement (dans le cadre d'un dialogue de sourds) son ami Félix.

ACTIVITÉS 1 ET 2

Dans le dispositif d'apprentissage, sont prévus deux classements successifs: l'un sans retour au contexte (activité 1) et l'autre avec (activité 2).

Dans l'activité 1, on demande aux élèves de classer immédiatement les questions 2 et 7: elles ne nécessitent pas de retour au contexte dans la mesure où l'énoncé contient le nom du destinataire par l'intermédiaire de l'apostrophe.

Dans l'activité 2, en revanche, il est nécessaire que les élèves relisent le texte pour pouvoir retrouver l'émetteur de chaque question.

ACTIVITÉ 3

Commencer éventuellement par demander aux élèves de reformuler la question 5 («Que dire?... Que faire?») de manière plus explicite, en réintroduisant le pronom personnel adéquat («Que vais-je dire?... Que vais-je faire?»). Pour ce faire, la relecture du passage et l'aide du contexte seront utiles. Cette activité permet d'opérer une distinction entre la question 5, qui nécessite donc la recherche du référent «je» – Robert ou Félix? – et les questions 1, 3, 4 et 6, qui ne la nécessite pas. Étant donné la complexité de cette activité, elle pourra être mise en œuvre dans le cadre d'une phase collective.

CORRIGÉS

1.

Question que Robert pose à Félix	Question que Félix pose à Robert
«Félix! Tu... tu vas bien?»	«Mais qu'cst-cc qui tc prcnd, Robcrt, tu virgules de la girouette ou quoi?»

CORRIGÉS

2.
Question 1 : **Félix**
Question 3 : **Robert**
Question 4 : **Robert**
Question 6 : **Robert**

3. La question 5 se distingue des autres dans la mesure où, ici, le petit Robert n'interroge pas un interlocuteur extérieur mais s'interroge lui-même : le dialogue est intérieur.

ORL - Fiche 5

Ce sont les mêmes mots ; est-ce le même texte ?

Objectifs

• Se confronter à trois versions d'un même texte et observer comment le lecteur utilise les paragraphes et la ponctuation pour comprendre (quoi?) et interpréter (comment?).

• Comprendre que les mêmes mots peuvent être utilisés dans différentes versions d'un texte sans qu'il s'agisse du même texte.

Démarche

Mettre en voix les trois textes en soulignant l'expression de la colère de M. Robert. La qualité de cette lecture initiale conditionnera la réussite des activités qui suivent. Donner ensuite les trois textes à lire aux élèves.

ACTIVITÉ **2** Dans la mesure où elle invite les élèves à une lecture comparée des textes, cette activité sera menée de préférence en petits groupes. Le travail vise une observation attentive de la spécificité du texte 2 (dialogué) par rapport au texte 1 (uniquement narratif). On fait ici apparaître sur une grille des critères précis tels que la ponctuation, les types de phrases, le narrateur et le/les personnages.

ACTIVITÉ **3** Cette activité permet de constater que la version du livre p. 27 est une variante du texte 3. En effet, se distingue seulement la ponctuation, tiret et guillemets étant équivalents.

ACTIVITÉ **4** Cette activité est consacrée à l'expression présente dans la bulle : « Bon gribouillage ! ». On entre ici dans une observation fine qui nécessite un certain recul vis-à-vis du texte. Pour certains élèves, l'agencement respectif des textes 2 et 3 n'impliquera pas nécessairement une mise en valeur particulière de l'expression. Pour les aider, leur donner des orientations, par exemple : observe les signes de ponctuation de chaque texte ; compte le nombre de lignes de chaque texte, etc.

ACTIVITÉ **5** L'idée est ici de mettre en valeur « l'incohérence » du texte 2 par rapport au texte source puisqu'il tend à introduire un interlocuteur alors que M. Robert se parle à lui-même.

ACTIVITÉ **6** Cette activité met l'accent sur l'inexpressivité du texte 1 et donc, *a contrario*, sur la nécessité, pour un scripteur, d'accentuer la ponctuation expressive (tendance que n'ont pas, en général, loin s'en faut, les élèves).

Prolongement

Pour renforcer le passage de la lecture, nécessairement visuelle, à l'interprétation vocale qui résulte du repérage de toutes les particularités de l'écrit, il serait justifié de mener d'autres temps de théâtralisation, soit des parties dialoguées, soit des pensées du petit Robert (par exemple, p. 34 : le dialogue de sourds qui se déroule entre Robert Robert et Félix).

CORRIGÉS

2.

	Ponctuation	Types de phrases	Narrateur	Personnages
Texte 1	Le point	Déclaratives	Il	Un seul : M. Robert
Texte 2	Points d'exclamation, d'interrogation, de suspension, et tirets	Déclaratives Exclamatives Interrogatives	Il	Le dialogue implique nécessairement deux personnages : M. et Mme Robert

3.
Le texte 3 est le plus proche du texte de la p. 27.
Dans le livre, on observe un passage à la ligne ainsi que la présence d'un tiret ; dans le texte 3, il n'y a pas de passage à la ligne et les guillemets se substituent au tiret.

4. Bon gribouillage.

5. La ponctuation du texte 3 est plus juste que celle du texte 2 parce que M. Robert est en colère : il ne pose pas de questions à quelqu'un comme pourrait nous le faire penser le texte 2, mais affirme sèchement son sentiment quant au départ des invités.

6. La version 1 du texte semble être la moins réussie, car elle est la moins expressive : il n'y a pas de points d'exclamation et aucune mise en valeur des propos de M. Robert par le biais des guillemets.

ORL - Fiche 6 À quels temps raconte-t-on une histoire ?

Objectif

Repérer et saisir la valeur des temps privilégiés de l'action dans un récit : le présent de l'indicatif ou le passé simple.

Démarche

ACTIVITÉ 1 On pourra envisager la mise en œuvre de l'activité par groupes de trois. L'enseignant laisse d'abord les élèves prendre en charge le texte et percevoir la logique de l'activité. À l'intérieur de chaque groupe, chacun devient ensuite responsable d'un texte : au présent, au passé simple et au passé composé. L'idéal serait que chaque membre du groupe lise aux autres « son » texte à haute voix.

ACTIVITÉ 2 **a.** L'activité précédente était intégralement orale. Ici, on consacre le passage à l'écrit. Les groupes peuvent être maintenus pour ne pas perturber le fonctionnement de la classe, mais les élèves devraient être en mesure de travailler de façon autonome puisque le tableau leur donne les formes à insérer.

b. À ce stade, se révèle une difficulté supplémentaire. On attend bien sûr le choix du passé simple au détriment du passé composé. L'enseignant aura donc tout intérêt à convoquer les souvenirs des lectures de contes (où le temps de base est le passé simple). Souligner également l'emploi de l'imparfait, qui décrit l'état d'un lieu (la rue) alors que le passé simple se consacre à la narration d'événements.

Prolongement

S'il souhaite poursuivre la mise en regard du présent et du passé simple de l'indicatif, l'enseignant pourra poser la question suivante : « Quelle version préfères-tu ? Pourquoi ? » On n'attend pas, bien sûr, de réponses tranchées. L'apprenti lecteur sera forcément plus sensible à un temps qu'à un autre ; il convient de l'encourager à donner les raisons de son affinité. Des remarques comme « avec le passé simple, cela fait plus histoire racontée » ou « avec le présent, on a l'impression d'être dans l'action » seraient intéressantes : elles ouvrent des pistes sur l'usage des temps de la narration. Rappelons à ce propos que la valeur narrative du présent est reconnaissable quand le présent est employé dans un récit à la place du passé simple/passé composé.

CORRIGÉS

2.

a. Robert **se catapulte** hors de la maison. Au prix d'efforts démesurés, il **parvient** à tirer son père hors de la mêlée qui **transforme** la rue en un vaste champ de bataille. Une fois chez eux, il **débranche** le téléphone, obligeant sa mère à revenir sur terre et, la tête basse, leur **avoue** la cause de tout ce chaos : la mallette, la chaise, le dictionnaire.

b. Robert **se catapulta** hors de la maison. Au prix d'efforts démesurés, il **parvint** à tirer son père hors de la mêlée qui **transformait** la rue en un vaste champ de bataille. Une fois chez eux, il **débrancha** le téléphone, obligeant sa mère à revenir sur terre et, la tête basse, leur **avoua** la cause de tout ce chaos : la mallette, la chaise, le dictionnaire.

Appropriation du livre et premières hypothèses

1. Regarde attentivement les dessins de la 1re et de la 4e de couverture.
Lis le texte de la 4e de couverture.
Recopie chacune des phrases de ce texte dans le cadre approprié.

....
....
....
....

....
....
....
....

....
....
....
....

2. Note les trois éléments qui te semblent les plus étranges sur les deux illustrations.

– ....
– ....
– ....

3. À partir de ces observations, dis comment tu comprends le titre de l'ouvrage :
– Pourquoi le dictionnaire est-il devenu « dingo » ?
– Quelle est l'influence de ce « dico dingo » sur le monde et ses habitants ?
Écris tes réponses sur une feuille à part.

© RETZ 6 séquences pour lire *Dico dingo*

Qui sont les auteurs ?

1. Après avoir retrouvé et lu la page où l'auteur de *Dico dingo*, Pascal Garnier, se présente et où l'illustrateur, Jochen Gerner, est présenté, complète le tableau suivant. p. 45

	Affirmation	Vrai ou faux ?	Phrase des auteurs qui le prouve
AUTEUR	Pascal Garnier a eu beaucoup de 0 en orthographe.		
	Il ne se sert jamais du dictionnaire.		
	Sur une île déserte, il emporterait une bande dessinée.		
	Les mots, c'est bien connu, ne changent jamais.		
	La poésie ressemble à un coup de foudre amoureux.		
ILLUSTRATEUR	Jochen Gerner est un collectionneur de timbres.		
	Pour compléter sa collection, l'illustrateur trouve son inspiration dans des dictionnaires et des journaux.		
	Pour son travail, l'illustrateur utilise un objet très étrange.		

2. Quelle est la passion commune de ces deux auteurs qui est également l'objet principal de *Dico dingo* ?

....

© RETZ, 6 séquences pour lire *Dico dingo*

Faire parler les illustrations

Complète le tableau en suivant les consignes données.

Attention ! Lis attentivement le texte pour bien remplir la deuxième colonne.

Observe les illustrations attentivement.	**Souligne les phrases qui expriment ce que tu vois.**	**Est-ce une impression d'ordre ou une impression de désordre qui se dégage de cette illustration ?**	**Observe le petit Robert. Te paraît-il inquiet, soucieux, rassuré… ?**
Page 6	• Le lit est défait. • À l'intérieur de la bulle, c'est le « bazar ». • Les étagères sont bien rangées.		
Page 9	• Sur le bureau de M. Robert, chaque objet est nommé. • Les livres ne sont pas classés par ordre alphabétique. • La poussière se glisse entre les livres.		
Page 11	• Dans la cuisine, il y a une place pour chaque chose. • La boîte marquée « F » contient du café. • Impossible de savoir où se trouvent l'huile et le vinaigre.		
Page 15	• Les mots grouillent sur le parquet. • Aucun mot ne traîne par terre. • Les mots sautent comme des puces.		
Page 16	• Les personnages ont l'air content. • Tout semble normal. • C'est la catastrophe !		
Pages 22-23	• Tout le monde est assis sagement. • Les personnages semblent en colère. • Ils disent n'importe quoi.		

© RETZ, 6 séquences pour lire Dico dingo

Faire parler les illustrations (suite)

Observe les illustrations attentivement.	Souligne les phrases qui expriment ce que tu vois.	Est-ce une impression d'ordre ou une impression de désordre qui se dégage de cette illustration ?	Observe le petit Robert. Te paraît-il inquiet, soucieux, rassuré… ?
Page 26	• La table est sale. • Mme Robert semble contrariée. • M. Robert dit gentiment au revoir aux invités.	…………………… ……………………	…………………… ……………………
Page 29	• Le message dans la bulle est compréhensible. • Il y a toujours des nuages noirs autour de Mme Robert. • À la télévision, deux hommes se battent.	…………………… ……………………	…………………… ……………………
Page 33	• Félix parle très bien. • Félix se prépare à jouer au Scrabble®. • Dehors, tout est calme.	…………………… ……………………	…………………… ……………………
Page 36	• Les automobilistes sont détendus. • Les bulles sont remplies du bruit des klaxons. • M. Robert est pris dans le bouchon.	…………………… ……………………	…………………… ……………………
Page 39	• On range chez les Robert. • Les mots sont cachés jusque sous les meubles. • Robert Robert lit une bande dessinée.	…………………… ……………………	…………………… ……………………

© RETZ, 6 séquences pour lire *Dico dingo*

L'alphabet sens dessus dessous

Après avoir lu...	Je me demande...
... la page 19	... si Mme Robert a bien compris la question de son mari : ....
... les pages 19-20	... quelle phrase indique que Robert Robert a bien compris sa bêtise : ....
... les pages 20-21	... comment se comporte le couple Robert : .... comment se comporte le couple Azertyuiop : .... comment se comporte le petit Robert : ....

L'alphabet sens dessus dessous (suite)

Après avoir lu…	**Je me demande…**
… la page 21	… quels sont les mots qui n'ont pas de sens dans les phrases où ils se trouvent : ....
… les pages 22-23, et bien observé l'illustration	… quel mot surprenant est prononcé par : Mme Robert : .... M. Robert : .... Mme Azertyuiop : .... M. Azertyuiop : ....
… les pages 24-25	… comment se finit le chapitre : ....

© RETZ, 6 séquences pour lire *Dico dingo*

Remettons de l'ordre dans tout ça !

1. Relis ce passage qui raconte la réception chez M. et Mme Robert et complète le dialogue en écrivant les mots qui font sens et qui te viennent spontanément. p. 18-20
Ne te préoccupe pas des cadres pour le moment.

À présent, tout le monde est installé autour de la table, assis du bout des fesses sur des chaises aussi maigres que de vieilles chèvres. Comme toujours dans ces cas-là, on ne sait pas par où commencer, on pianote du bout des doigts, un peu gêné.
C'est M. Robert qui se jette à l'eau.
– Chérie, si tu servais l'.............. à nos invités avec quelques .... farcies et des tranches de .... ?

p. 18-19 – Chérie, si tu servais l'............... à nos invités avec quelques .... farcies et des tranches de .... ?

Mme Robert écarquille les yeux.
– Pardon ? [...] Tu peux répéter ?
M. Robert commence à devenir tout rouge.
– Mais enfin, Arlette, sers-nous ...., des .... et de la .... !
– Et pourquoi pas .... avec une bonne couche de .... ?
– Parce que ça me fait mal au foie, tu le sais très bien.

p. 19 – Mais enfin, Arlette, sers-nous ...., des ...., et de la .... !
– Et pourquoi pas .... avec une bonne couche de .... ?
– Parce que ça me fait mal au foie, tu le sais très bien.

Le petit Robert regarde ses parents tour à tour. « Aïe, aïe, aïe ! Je n'ai sans doute pas remis tous les mots au bon endroit ! » Mais il est trop tard. Entre son père et sa mère, le ton monte.
– Mal au foie, toi !... Tu es capable d'avaler un .... entier arrosé de quatre ou cinq .... !
– Mais qui te parle de .... ? Sers-nous donc l'....................... au lieu de .... n'importe quoi ! Il y a de quoi devenir .... !
– .... toi-même ! Espèce de... de...
Mme Robert cherche le mot mais celui-ci a dû rester coincé entre les lames du parquet de la chambre de Robert.
– De... de .... !

p. 20 – Mal au foie, toi !... Tu es capable d'avaler un .... entier arrosé de quatre ou cinq .... !
– Mais qui te parle de .... ? Sers-nous donc l'....................... au lieu de .... n'importe quoi ! Il y a de quoi devenir .... !
– .... toi-même ! Espèce de... de...
Mme Robert cherche le mot mais celui-ci a dû rester coincé entre les lames du parquet de la chambre de Robert.
– De... de .... !

2. Écris dans les cadres les mots que tu relèves pages 18-20 et compare-les à ceux que tu as prévus. Que t'inspire cette comparaison ?

....

....

....

L'heure est grave

1. Complète les expressions suivantes à l'aide des mots proposés : humanité, atomique, virus, mondiale, planète.

– La Première Guerre mondiale s'est déroulée de 1914 à 1918. La Seconde, de 1939 à 1945. On a eu très peur que la Troisième Guerre .... ne se déclenche 20 ans plus tard.

– L'................................, c'est l'ensemble des êtres humains vivant sur la Terre.

– En 1945, les Américains ont lâché une bombe .... sur la ville japonaise d'Hiroshima.

– Le .... de la grippe aviaire est très grave.

– Dans le système solaire, la .... Mars est celle qui est la plus éloignée de la Terre.

2. Après avoir complété la première colonne en prenant appui sur l'activité 1, relie chaque expression au sens que lui donne Robert Robert.

Expressions	Sens donné aux expressions par Robert Robert
p. 31 « J'ai mis le monde à feu et à sang, j'ai déclenché la Troisième Guerre .... » •	• Tout le monde est **contaminé**.
p. 31 « Je suis pire qu'une bombe .... » •	• **Les hommes** sont en danger.
p. 31 « La planète entière semble avoir attrapé le .... » •	• Je suis **la cause** de tous les problèmes.
p. 34 « Robert se sent aussi seul que s'il venait de débarquer sur la .... Mars. » •	• Je suis désormais **seul** au monde.
p. 35 « Il y va du sort de l'...................... . » •	• Je suis responsable d'une **catastrophe**.

© RETZ, 6 séquences pour lire *Dico dingo*

Jouer avec les mots

1. Recopie les noms que tu reconnais après avoir observé les deux illustrations suivantes.

a.

© Éditions Le Robert

b.

© Alain Paccoud

a. ....

b. ....

2. Relis la page 8 du roman et donne des exemples qui montrent que le premier nom de famille est bien choisi.

....

....

....

....

3. Les deux familles ne sont pas faites pour s'entendre ! Dans le nom de la seconde famille, qu'est-ce qui ne peut pas convenir au couple Robert ?

....

....

....

**4. Remets ce nom de dix lettres dans un ordre qui conviendrait mieux aux Robert.
Attention, deux solutions sont possibles.**

....

....

**5. Voici la définition du Scrabble®, jeu de société évoqué p. 34 : « jeu de réflexion dont le but est de construire le maximum de mots en utilisant le plus possible les lettres qui rapportent le plus de points. » Ce jeu n'a pas l'air dangereux. Pourtant, le petit Robert est inquiet :
« S'ils se mettent à jouer au Scrabble, ils vont s'entre-tuer. Il faut absolument les en empêcher ! »
Sur une feuille à part, explique pourquoi le personnage s'inquiète à partir de ce que tu sais de l'histoire.**

Les leçons d'une aventure

Retrouve une phrase du roman qui confirme chaque affirmation proposée.

À chacun ses petites folies.	p. 7 : ....
Dans la vie, il y a une limite à tout ordonner.	p. 8 : ....
Gros mensonges ne profitent jamais.	p. 19-20 : ....
Laisser tomber les livres, c'est rendre le monde « dingo ».	p. 31 : ....
Communiquer est le seul moyen de s'entendre.	p. 34 : ....
« Dico dingo » ou pas, c'est dans son automobile qu'on reconnaît le vrai caractère d'un homme.	p. 35 : ....
Que serait la vie si tout était toujours réglé comme une horloge ?	p. 40 : ....

© RETZ, 6 séquences pour lire *Dico dingo*

Tout est bien qui finit bien…

1. Maintenant que tu connais l'histoire, compare son début et sa fin en complétant le tableau suivant.

Demande-toi…	**… à la page 14** « Tant bien […] ne s'en apercevra. » ↓	**… aux pages 38-39** « M. et Mme Robert […] comme ça. » ↓
qui sont les personnages présents.	…………………… …………………… …………………… ……………………	…………………… …………………… …………………… ……………………
ce qu'ils **font**.	…………………… …………………… …………………… ……………………	…………………… …………………… …………………… ……………………
quelle **phrase** du texte indique qu'ils font **bien** **(ou non)** leur travail.	…………………… …………………… …………………… ……………………	…………………… …………………… …………………… ……………………
quels mots ne sont pas rangés.	…………………… …………………… …………………… ……………………	…………………… …………………… …………………… ……………………

2. Est-ce que tout est rentré dans l'ordre à la fin de l'histoire ? Justifie ta réponse.

Oui ☐ Non ☐

……………………………………………………………………………………………

……………………………………………………………………………………………

……………………………………………………………………………………………

……………………………………………………………………………………………

© RETZ 6 séquences pour lire Dico dingo

Identifier des comparaisons

Pour trouver à quoi sont comparés les différents personnages, mots et objets de ce roman, complète la dernière colonne de ce tableau.

Page(s)	Les personnages ou objets...	sont comparés à...
13	« Il y a des mots partout, comme… »	....
13	« Catastrophe ! on dirait… »	....
13	« D'autres mots plus courts, comme "ah ! eh !", sautent, pareils à ... »	....
18	« [M. Azertyuiop] est très grand, très maigre, très noir, avec une petite tête ronde juchée au-dessus de ses épaules comme… »	....
18	« C'est tout le contraire de sa femme, aussi ronde qu'… »	....
18	« À présent, [tout le monde est] assis du bout des fesses sur des chaises aussi maigres que … »	....
20	[Mme Robert s'adresse à son mari] : « Espèce de… de… »	....
20-21	« Le petit Robert se fait encore plus petit, pas plus gros qu'… »	....
37-38	« […] il parvient à tirer son père hors de la mêlée qui transforme la rue en… »	....

© RETZ, 6 séquences pour lire *Dico dingo*

Comment retrouver les chaînes d'accord ?

1. En utilisant ton crayon à papier, replace les adjectifs qualificatifs proposés dans le texte qui suit. 📖 p. 8

aligné – serré - classé – posé – empilé

Sur son bureau, les crayons sont toujours .... dans la boîte marquée « Crayons »; les papiers sont .... dans le tiroir à papier ; les gommes sont .... dans le panier à gommes. Les livres, quant à eux, sont rigoureusement .... par ordre alphabétique dans la bibliothèque, et sont si .... que pas une poussière ne pourrait s'y glisser !

2. Dans le texte ci-dessus, entoure le verbe que tu trouves devant chaque adjectif, et écris au stylo la forme qui convient parmi les quatre formes proposées.

alignés/alignées/aligné/alignée – serrés/serrées/serré/serrée – classés/classées/classé/classée – posés/posées/posé/posée – empilés/empilées/empilé/empilée

3. Voici quatre entrées d'article de dictionnaire.
Complète le tableau ci-dessous en donnant le nombre de formes orales et de formes écrites de chaque adjectif.

Adjectifs	Nombre de formes	
	orales	écrites
petit, ite [pəti, it] adj.		
heureux, euse [øʀø, øz] adj.		
perdu, ue [pɛʀdy] adj.		
rouge [ʀuʒ] adj.		

4. Complète le tableau pour chaque adjectif.

Masculin singulier	Féminin singulier	Masculin pluriel	Féminin pluriel
petit			

© RETZ, 6 séquences pour lire Dico dingo

Comment marquer la ponctuation ?

1. Relis à haute voix l'extrait suivant auquel on a enlevé toutes les marques de ponctuation.

p. 13 Bras tendus sur la pointe des pieds il atteint la mallette quand la chaise se met à trembler vacille et PATATRAS chaise petit Robert et dictionnaire tout tombe par terre.

2. Relis maintenant l'extrait en marquant des temps d'arrêt courts quand tu vois le signe / et des temps d'arrêt plus longs quand tu vois le signe //.

Bras tendus / sur la pointe des pieds / il atteint la mallette / quand la chaise se met à trembler / vacille et // PATATRAS // chaise / petit Robert et dictionnaire / tout tombe par terre

3. Recopie le mot que ta seconde lecture a mis en valeur.

4. Recopie l'extrait en remplaçant les signes / et // par les marques de ponctuation, puis vérifie dans le livre, p. 13.

5. Lis à haute voix la suite du texte (p. 13) de « La chaise » jusqu'à « sinueuses » en effectuant les pauses nécessaires selon les signes de ponctuation.

6. Recopie le mot qui se situe entre deux temps d'arrêt long.

© RETZ, 6 séquences pour lire *Dico dingo*

Qui interroge qui ?

1. Lis les questions ci-dessous puis recopie la question que Robert pose à Félix, et la question que Félix pose à Robert.

1. « – Mes parents aussi. Pourquoi ? »
2. « – Félix ! Tu...tu vas bien ? »
3. « – Au Scrabble ? »
4. « – Et tes parents ? »
5. « – Que dire ?... Que faire ?... »
6. « – Tout est vraiment... normal ? »
7. « – Mais qu'est-ce qui te prend, Robert, tu virgules de la girouette ou quoi ? »

Question que Robert pose à Félix	Question que Félix pose à Robert
....	....
....	....
....	....

2. En t'aidant de ton livre, p. 32, retrouve le prénom de celui qui pose les questions suivantes :

Question 1 : ....

Question 3 : ....

Question 4 : ....

Question 6 : ....

3. Qu'est-ce qui différencie la question 5 des autres : qui s'adresse à qui ?

....

....

....

....

....

....

....

© RETZ, 6 séquences pour lire Dico dingo

Ce sont les mêmes mots ; est-ce le même texte ?

1. Relis les trois textes suivants. p. 27

1 - L'écho de la porte claquée dans leur dos résonne un moment dans l'entrée. M. Robert fait mine de se laver les mains. Bon gribouillage. Qu'est-ce que c'est que ces mirlitons. Non mais alors, on boursicote les gens chez eux. On aura tout vu.

2 - L'écho de la porte claquée dans leur dos résonne un moment dans l'entrée. M. Robert fait mine de se laver les mains.
– Bon gribouillage !
– Qu'est-ce que c'est que ces mirlitons ?
– Non mais alors, on boursicote les gens chez eux !
– On aura tout vu...

3 - L'écho de la porte claquée dans leur dos résonne un moment dans l'entrée. M. Robert fait mine de se laver les mains : « Bon gribouillage ! Qu'est-ce que c'est que ces mirlitons ? Non mais alors, on boursicote les gens chez eux ! On aura tout vu !...

2. Complète le tableau pour trouver ce qui distingue les textes 1 et 2.

	Ponctuation	Types de phrases	Narrateur	Personnages
Texte 1	....	....	....	....
Texte 2	....	....	....	....

© RETZ, 6 séquences pour lire *Dico dingo*

Ce sont les mêmes mots ; est-ce le même texte ? (suite)

3.

- **Recopie le texte qui ressemble le plus à celui que tu trouves p. 27.**

....

....

....

- **Précise ce qui les distingue.**

....

....

....

4. Dans les trois textes, on retrouve la phrase présente dans la bulle (p. 26). Recopie-la sans signe de ponctuation.

....

....

5. Explique pourquoi la ponctuation du texte 3 est plus juste que celle du texte 2.

....

....

....

....

....

6. Quelle version du texte te semble la moins réussie ? Pourquoi ?

....

....

....

....

....

À quels temps raconte-t-on une histoire ?

1. Relis ce passage de trois façons différentes en cherchant comment employer les verbes conjugués donnés dans le tableau. p. 37-38

Robert (*se catapulter*) hors de la maison.
Au prix d'efforts démesurés il (*parvenir*)
à tirer son père hors de la mêlée qui
(*transformer*) la rue en un vaste champ de bataille.
Une fois chez eux,
il (*débrancher*) le téléphone, obligeant
sa mère à revenir sur terre et, la tête
basse, leur (*avouer*) la cause de tout ce
chaos : la mallette, la chaise, le dictionnaire

<table>
<tr><th>Passé simple</th><th>Passé composé</th><th rowspan="2">Présent</th></tr>
<tr><th colspan="2">Imparfait</th></tr>
<tr><td>se catapulta
parvint</td><td>s'est catapulté
est parvenu</td><td>se catapulte
parvient</td></tr>
<tr><td colspan="2">transformait</td><td>transforme</td></tr>
<tr><td>débrancha</td><td>a débranché</td><td>débranche</td></tr>
<tr><td>avoua</td><td>a avoué</td><td>avoue</td></tr>
</table>

2. Réécris le passage en mettant chaque verbe au temps qui convient lorsque l'on raconte une histoire...

a. ... au présent :

....

....

....

....

b. ... au passé :

....

....

....

....

© Retz, 6 séquences pour lire *Dico dingo*

Maquette : Studio Primart
Réalisation : AGD
Direction éditoriale : Sylvie Cuchin
Édition : Joëlle Gardette - Adeline Guérin
Corrections : Bérengère Allaire

N° de projet : 10141515
Dépôt légal : mai 2006
Achevé d'imprimer en France en avril 2007
sur les presses de France Quercy,
46090 Mercues